读书的方法与艺术

中国图书评论学会 编

人民出版社

策划编辑：刘永红

责任编辑：刘永红

装帧设计：周涛勇　孙文君

责任校对：吕　飞

图书在版编目（CIP）数据

读书的方法与艺术／中国图书评论学会 编 . —北京：人民出版社，
　2017.4（2019.4 重印）

ISBN 978 - 7 - 01 - 017545 - 4

I.①读…　II.①中…　III.①读书方法　IV.① G792

中国版本图书馆 CIP 数据核字（2017）第 059907 号

读书的方法与艺术

DUSHU DE FANGFA YU YISHU

中国图书评论学会　编

人 民 出 版 社 出版发行

（100706　北京市东城区隆福寺街 99 号）

北京中科印刷有限公司印刷　新华书店经销

2017 年 4 月第 1 版　2019 年 4 月北京第 6 次印刷

开本：787 毫米 ×1092 毫米 1/32　印张：6.125

字数：74 千字　印数：21,001—24,000 册

ISBN 978 - 7 - 01 - 017545 - 4　定价：39.80 元

邮购地址 100706　北京市东城区隆福寺街 99 号

人民东方图书销售中心　电话：(010) 65250042　65289539

编者言

　　从某种意义上说，人是一种"读书"的动物。伴随人类文明的发展尤其是知识生产的累积，读书越来越成为现代人的一种生活方式或生存方式。以往，"读书人"的称谓专属于少数精英阶层。如今，在"全民阅读"的时代，读书已不再是精英阶层的专属，而成为大众普遍拥有的权利义务。然而，为什么读书？读书为什么？读什么书？怎样读书？读书有用抑或是无用？等等，围绕"读书"而来的问题似乎都悬而未决。

　　关于读书，我想可以从"体"与"用"这两个方面来理解。大致上说，"体"指的是事物的本性、本根、本体，而"用"则是指"体"外化而生成的功用性功能。

从"用"的层面看，开卷有益，学以致用。这里的"有益"和"致用"都意在表明读书确实包含着实用功利性的诉求。全球化，经济发展，时代剧变，信息爆炸，人类遇到的问题从来没有像今天这样多变，这样复杂，各种困惑烦恼纠缠于心，如何理性地看待社会的人与事，如何有效地解决各种问题，需要我们读书。图书传递知识与技能，为人生好利之工具，具有实用性的价值和功能。从实用功利性角度考量，读书有用，且利国利民、利人利己，善莫大焉。通过读书，人们可以获得生存技能以创造财富改善生活；通过读书，人们可以通达更高的社会阶位而改变命运。

然而，实用功利性只是读书的一个方面，过分地强调这种读书实用论，往往会遮蔽读书的根本要义。"富家不用买良田，书中自有千钟粟。安居不用架高楼，书中自有黄金屋。娶妻莫恨无良媒，书中自有颜如玉。出门莫恨无人随，书中车马多如簇。男儿欲遂平生志，五经勤向窗前读。"这种劝学篇，主要用读书的好处和用处来激励人们学习。万般皆下品，唯有读书高。原来读书乃是为了娶老婆颜如玉、赚钱买良田。这种读书有用论，一直养育狭隘的读书观念。元代的一位书法家平生喜好《兰亭集序》，不慎落水时，他竟然一头扎入水中去救。此时才想起来自己不会游泳。家人拯救之，他却高举这本书大呼，先救它！这种嗜书如命的雅士，古今算是少有了。也因此，《兰亭集序》也就有了一个别名："落水兰亭"。然而，以功利实用的视角看，那肯定是因为《兰亭集序》很昂贵很值钱！这显然是一种狭隘的读书实用论观念。

从"体"的层面看读书，也就是探究读书这件事情的根本意义是什么。当我们说"人是一种读书的动物"，这意味着，读书是一种属人的活动或事情。因为，动物不需要也不会读书的，这也就是说，读书是只有人才会去做的一件事情，读书与做人几乎就是同一件事情。人们常说，"想了解一个人，看他读什么书。"说的也是这个道理。实质上也就是在讲读书与做人的道理。从做人的意义上看，读书乃是成人之路上不可缺失的重要内容。

读书的根本要义是"人性养成"，读书的"本体"意义是"人文化成"，从这种本体意义出发来理解读书才可能达至读书的至境。

究竟是从"体"的高度理解读书，还是以"用"的态度看待读书，境界格调的差别正在于此。若无好处，何必读书？只要读书，就定有好处！人们用花钱就能买到东西的思路来看待读书，无利不起早，无事不读书！现代人的物化，早已把一切精神性的活动排斥在外，或者说不能带来好处的，都不是自己的精神向往。有人说，三日不读书言语无味，五日不读书面目可憎！回归读书的根本意义，会让一个人的眉头舒展心灵开，自然侠义之外有温文；以狭隘的实用功利心读书，偏执于得与失，常常会眉头紧锁心事凿凿。

一般来说，受功利之"用"的诉求所驱使的读书可归为"要读书"一类；而怀有形而上"体"之情怀的读书则可称之为"好读书"。"要读书"乃是"五经勤向窗前读",与之相反,"好读书"偏偏是闲来无事好读书。以前读陶渊明的《五柳先生传》里说"好读书,不求甚解;每有会意,便欣然忘食",常常觉得不着边际。因为既然要读书,便应该正襟危坐、皓首穷经,衡量得失,怎么能"不求甚解"呢?这分明是"学而不思则殆"呀!读书而不好好学习,兴之所至,随性自然,算是什么好学上进?后来,渐有所悟,明白了孔子的感叹:十年有五而志于学,但是,到了四十却不惑了!这不是孔子的自夸,而是孔子对于知识和人生的宿命的感叹!同时,知天命耳后耳顺,也就熄灭了"志于学"的功利之心,回到随心所欲的领悟人生方面去了。

归根到底,"要读书"致力于实用知识,"好读书"致力于人生体悟。后者往往可以不执着于书,不仅"尽信书不如无书",而且还可能"教外别传,不立文字"。前者却是一定斤斤计较如落市井,必然就有"知见障"——带着一片患得患失的心去读书，有时候就会执着于一念而忘记了风来水面与月到中天。

雅文深境，幽思明悟，在一方局促的生命空间里，俯仰于天地大化之间，这不正是读书的本体意义之所在吗？

杨　平

（中国图书评论学会副会长、
《中国图书评论》杂志社总编辑）

目录

楼宇烈 1934年生于杭州，浙江嵊县人。当代著名哲学家。北京大学哲学系、宗教学系教授，博士生导师，北京大学宗教文化研究院名誉院长，北京大学京昆古琴研究所所长，国家古籍整理出版规划小组成员，曾任全国宗教学会副会长。著有《中国的品格》《中国文化的根本精神》《花开莲现：〈心经〉大智慧》《宗教研究方法讲记》等。

谈"为己之学"

楼宇烈

我们读书究竟是为什么？我定了一个题目叫"为己之学"。《论语》里孔子有一句话叫"古之学者为己，今之学者为人"。对这句话，荀子有一个发挥，荀子在他的头一篇《劝学》篇提出来："君子之学也，入乎耳，箸乎心，布乎四体，形乎动静。端而言，蝡而动，一可以为法则。小人之学也，入乎耳，出乎口。口耳之间则四寸耳，曷足以美七尺之躯哉！"君子之学从耳朵里听进去，要把它留在心里，然后还要把它体现到他的行动中间去，他的四肢和他的动静，一言一行，因此他说的话他做的事，都可以成为人们的榜样。反过来，小人之学，是"入乎耳，出乎口。口耳之间则四寸耳"。这样的学问怎么能够使得他的七尺之躯完美呢？所以他接着讲，"古之学者为己，今之学者为人。君子之学也，以美其身；小人之学也，以为禽犊。"这也就是说君子之学是为了完美其身，完美他的七尺之躯。而小人之学以为禽犊，是交易用的，所以他从耳朵里听进去，嘴里就说出来了，只不过是一个贩卖，对完美他的七尺之躯一点没有用处的。所以，"古之学者为己"的"为己之学"也就是"君子之学"，读书是为了来完美自己的。

所以，我想我们今天读书不要成为"今之学者为人"那样，不要成为"小人之学"那样，把读书学习当做增长财富，进行交易的"禽犊"，而要成为君子之学，为己之学，不断地完美自己。

清代有一位写《朱子家训》的朱用纯先生，他讲到，一个人读书之前是这个样，读书之后还是这个样，那就等于没有读书。所以读书以后要能够变化气质，那样读书才有用。

我们现在很多的书籍可以说是五花八门，琳琅满目，那么我们究竟读什么书呢？其实什么书都可以读，中国有一句古话叫"开卷有益"，打开什么书都会对我们有益的。我们现在这个书分类分得也很细，所以有的时候也让我们不知道选什么书来读好。中国传统文化中书籍的分类是比较简单的，我们分为甲乙丙丁四类，或者我们叫它经史子集四类。是比较简单的。其实我们现在不管你分多少类，我们如果给它归纳一下，其实也可以归纳为这四大类：经史子集。

从经书来讲，所谓"经者，常也"，它是讲一些常道，通道的，也就是它可以贯穿古今，贯穿万物、万理，它带有总体性、总括性的，而且是一些最根本的，为人，处事，认识天道、地道、人道一些最根本的道理，这就是经。

史，是历史。是明古今之变的，司马迁讲天下的学问无非两大类，"究天人之际，通古今之变"。"究天人之际"，是我们人跟天地万物之间的关系；

"通古今之变",就是来了解我们人类社会,人事的变动、朝代的变动给我们什么样的经验教训。所以史学在中国的文化中间具有非常重要的位置。我经常讲中国文化中有两个重要的传统,就跟这两个有关系,一个是"以史为鉴",或者叫"以古为鉴",也就是"通古今之变";一个叫"以天为则",就是效法天地,也就是"究天人之际"。《论语》里就讲了:"大哉尧之为君也!巍巍乎!唯天为大,唯尧则之。"为什么呢?天是最伟大的,但是尧以它为榜样,所以形成了中国传统文化以天为则。中国人的理想人格,理想的德行,都是向天地万物学来的,一个圣人,他的德行要能够跟天地之德相配、相并列。所以我们到孔庙里面去看,对孔子的称颂最重要的两句话:一句是"万世师表",孔子是万世师表;再一句是"德配天地",孔子的德行能够跟天地一样。所以"以天为则"也是中国传统文化中非常重要的传统。"以史为鉴""以天为则",也就是整个学问。我们围绕这个来做,"通古今之变,究天人之际。"所以经和史，一个是最根本的道理，一个是我们的历史。

我们这两类分了以后就很明白，所以我们读经书是为了明天理、晓人道，明白天理，知晓人道，这是经书。读史书，通古今、知兴替，把握历史，懂得人事的变化、社会的变化，它的兴起、它的衰落。所以唐太宗讲"以铜为鉴，可以正衣冠；以古为鉴，可以知兴替"。所以古人又讲了"观今宜鉴古"。我们要看出今天的问题，要拿历史当一面镜子照一下。过去我们也讲过那么一句话，"忘却历史就意味着背叛。"所以历史的延续、继承是非常重要的。

我也常觉得我们现在的历史教育是远远不够的，很缺乏的。历史承载着文化，不知道自己民族、国家的历史，也就意味着他不懂得自己民族、国家的人。你要让他来爱这个国家，来尊重这个国家，对国家有信心，对民族有信心，这怎么可能呢？因此，清代著名学者龚自珍就讲了一句非常重要、深刻的话，就是说："欲灭人之国，必先灭其史。"

中国传统中还有子书。子书就是各种不同的学派，各种不同的对于天道、地道、人道的认识。本来我们的世界是非常丰富多彩的，对于各种事物的认识，人们都会从不同的角度去观察，去思考，可以作出不同的解释，也会有不同的理解，这就是我们常常讲的文化的多样性、多元性。不同的民族、不同的国家、不同的地区，人们对同样的事情会有不同的看法，就在同一个国家、同一个民族、同一个地区的人们也可以对同样的现象作出不同的理解，有不同的看法，有不同的诠释。所以文化的多样性、多元性是一个客观的事实。所以《孟子》里就有那么一句话，叫做"物之不齐，物之情也"。物不是统一整齐的，都有不同的，这是事物的实情。2014年习近平主席在纪念孔子诞辰2565周年的论坛上面，讲到文化多元性的时候就引了这句话。所以诸子百家对于各种事物不同的看法，对同一个事物不同的看法，可以增长我们的智慧。

集部是更复杂更多样了。我们过去集部里又分了总集、别集、专集，各种各样，说明了我们文化的多样性、丰富性。在这个集部里，我们就可以长见识、养情性。

我们在读书中可以增长我们的知识，增长我们的技能，这是无可否认的。但是我们读书的根本目的，不是长点知识、增点技能，而是让我们明白更多的道理。

《中庸》里面讲到我们怎么样读书，第一个就讲博学，什么叫做博学呢？近代一位著名的学者章太炎先生的弟子黄侃先生，他讲了一句话，我觉得非常有意义。他说："所谓博学者，谓明白事理多，非记事多也。"博学是因为你明白很多事理，不是说你记住了很多事情。明理是一种智慧，记事是一种知识。所以我们的博学是要落脚到明理，而不是说记事。所以我经常讲中国的文化是一种学智慧的文化，不是单纯的学知识的文化。知识是静止的，智慧是变动的。智慧是一种运用知识、发现知识、掌握知识的能力。我年轻的时候，也非常信奉"知识就是力量"这句话。半个世纪的人生经历才改变了我的看法，才开始意识到知识如果不能运用，不仅不会是力量，有的时候还会成为你的思想的牢笼，让你进去了出不来，让你困惑，让你郁闷，不知道何去何从，学了很多东西，可是出不来。所以，后来我就提出了这样一种认识，我说不能再讲"知识就是力量"了，应该讲"智慧才是力量"。

佛教也是中国传统文化主体的重要组成部分，佛教里面也有重要的观念、观点。其中有一句是："依智不依识"。我们依靠的是智慧的"智"，而不是知识的"识"，佛教为什么这样讲呢？佛教讲唯识学。唯识学里面讲，我们人所认识的现象世界，都是我们人通过眼、耳、鼻、舌、身、意六个感觉器官的功能认识的。六识，这个"识"就是指六个感官的功能。这个感官功能是什么功能呢？就是分别的功能，我们现在常常用这样的词叫做"识别"，识的功能就是分别，也就是我们通过六个感官去分别这个，分别那个，分别不同的颜色，分别不同的形状，分别不同的声音，分别不同的气味，分别不同的味道，分别不同的材质。你一触摸，软的，硬的。分别不同的观点、思想，所以这个"识"，就是去分别、识别。那么根据佛教的观念来讲，人的或者生命的一切烦恼痛苦的根源就来于这个分别，分别了以后，你又不能把它融汇起来，那不就痛苦了吗？所以他要用一种对于世界本质的理解的智慧去破除这种分别的外境，佛教唯识学的一个核心命题就叫做"转识成智"，要能够突破、超越这个识的局限，分别的局限，用佛教的般若的智慧打破这个分别，然后融会贯通地认识事物的本质，放下执着，所以佛教也是提倡一种智慧。

儒家更是如此了，强调学习一定要融会贯通。《论语》里不是讲了吗，"举一隅不以三隅反，则不复也。"我们有一句成语叫"举一反三"。"举一隅不以三隅反，则不复也。"是说，我给你讲了这个角的道理，而你不能融会贯通其他三个角的道理，这样的人还能教吗？孺子不可教也。融会贯通，就是能够运用知识举一反三。这也就是刚才我讲的，中国文化里面都认为万物有一个共同的理，我们把握了这个理就可以运用到任何方面去。所以我们根本的问题是把握这个共同的道理，能够去运用它。

我们现在读书，如果从中国传统的图书分类来讲，那就是经史子集都要读一点，不能只读这个不读那个，总的来讲是通过这样一些阅读来开阔我们的眼界，改变我们的性情，增长我们的智慧。让我们每个人能够成为一个更加完美的人。在古代来讲就是成为一个君子。我常常跟大家讲，我们读屈原的《楚辞》，里面经常赞美香草美人，我们现在人读到美人就以为是美貌的女子，其实《楚辞》里讲的美人是什么？是完美的人，是君子。所以都是来让我们做一个完美的人，要做一个完美的人光读书也不行，所以《中庸》里既要"博学之"，还有"审问之"，还有"慎思之"，还有"明辨之"，最后更需要"笃行之"。要落实到我们行动上来，知行合一，学修一致。中国近代有一位学者叫段正元，他讲过一句话："读书万卷不如知道一言"，读了万卷书不如来记住一句话；"著书千册，不如实行一事"，写了千册的书，不如去做一件实实在在的事。我们读书要跟我们实践结合起来，知行合一。要读让我们明理的书，不要只去记一些章句。

流沙河　1931 年生于成都，原名余勋坦，四川金堂人。当代诗人。曾任四川省作家协会副主席，1985 年起专职写作。作品《理想》《就是那只蟋蟀》曾轰动诗坛，著有《流沙河诗集》《故园六咏》《蟋蟀国》《诗经现场》《庄子现代版》等。

愿做职业读书人

流沙河

逛一回书店，惊一回心。天哪，又有新书上架了。我连那些旧书都还没有翻过呢。我是说三年前买回家的那些旧书，扉页上写了鄙人某年某月某日购于某某书店，还盖了印章，挺艺术的。可就是来不及翻，而流年却暗中偷换了。

再这样下去，这辈子是没指望的了。其实这也是愚蠢透顶的话，毫无自知之明的话。你就读完那些旧书，再买几本新书回家去，不过是读成更肥的一条蛀书虫而已，还能读出个啥名堂？

想想也是，确实读不出一个名堂来。名堂者何？千钟粟也，黄金屋也，颜如玉也。熟诵四书五经，通过科举考试，运气好也能够捞到那些名堂。不过这是禄蠹，士君子所不齿，贾宝玉都不要，你要?

"古之学者为己，今之学者为人。"说得真好。为己就是充实自身，完善自身。不要一看见"为己"就认为那是为己谋私利。为人就是卖给权贵，货与帝王家。

读书就是应该"为己"。这个世界人人都能"为己"读书，就成为文明的乌托邦了，那该多好。如果确有困难，不能人人，那至少君子应能做到"为己"读书。其上乘者，充实自身之学识，完善自身之道德，或执教于杏坛，或研究于翰院，或逞辩于稷下，或著述于漆园，皆能欣然自得，尽一己之才力，嘉惠士林，客观上也就是为人民服务了。

其下乘如鄙人者，学识道德都谈不上，但总算不欺骗不剽窃，为人民也没有服什么务，但总算不害民，不过是"为己"读了几本闲书，读时娱己，讲时娱人，发表后娱众而已。肥肥一条蛀虫，蛀的不是国帑，是自家买的书，虽蛀而非害虫。

偶有二三知己，读书遇拦路虎，打来电话不耻下问，亦不过一些鸡毛蒜皮小问题，那条瘦蛀虫回答了，放下电话，要喜欢十分钟之久，还去照镜子。此则"为己"读书之一乐也。

"读书之乐乐何如？陶醉南窗门不出。"蛀虫打洞过程之中，自有快乐。只有为他人读书者，才说十年寒窗苦。瘦蛀虫回忆大半生，最快乐的是"劳动改造思想"之余暇偷偷读"封资修"的书。那漫长的二十年戴帽子，总算过去了。

回头说书太多读不完，这是现代人的苦恼。应该有职业的读书人一大群，他们读了，写些心得，传给大众。其实已经有了，黄裳、张中行、谢泳、张远山、周泽雄、龚明德、陈子善诸君子皆是也。

鄙人这本《书鱼知小》多属蛀古书之心得，窃比蝇附骥尾，都怕没有资格。

"古之学者为己，今之学者为人。"当教育、考试类图书铺天盖地地涌入教室而经典读物却少被人问津时,我们不应该为我们社会的教育感到悲哀吗?

读书,从来不能带着急功近利的思想。否则,大脑中最终沉淀下来的只能是一堆无用的废纸。好读书,有能耐及时写下心得体会,让书籍引领自己增长见识、体悟人生,这才是读书的真正效果。

周国平　1945年生于上海。当代著名哲学家、作家。中国社会科学院哲学研究所研究员。著有《尼采：在世纪的转折点上》《守望的距离》《各自的朝圣路》《妞妞：一个父亲的札记》《岁月与性情——我的心灵自传》等，译有《尼采美学文选》《尼采诗集》《偶像的黄昏》等，有《周国平文集》《周国平自选集》等。

阅读唤醒完整的自我

周国平

我觉得一个人不能缺少两个最重要的朋友。

一个就是你自己，这种观点是古希腊哲学家强调的，就是你要有一个强大的自我，一个充实的自我，比你的身体更高级的自我，那个自我是你的好朋友，他是可靠的。

怎么样提高这个更高的自我呢，写日记。本来最有意义的写作是什么，就是为自己写的，这个过程是一个反思的过程，是和你的身体自我拉开距离的过程。你来看他，他遭遇的悲欢苦乐，你帮他分析，你去开导他，这样的过程中逐步会有一个更高的自我、一个强大的自我。

第二不能缺的朋友就是好书，就是活在好书里的伟大的灵魂。

我这一辈子读书有三个特点。第一个是"不务正业"。意思是我没有受自己专业的限制，什么书都看。我大学学的是哲学系，看的多是文学书。我觉得一个人到世界上来，没人规定你必须干什么。上哲学系，完全是偶然的，没有必要受那个限制。一个人最重要还是让自己完整一点，我觉得实际上像文科，文史哲真的不分家，没有界限，都是精神生活的一个部分，之间没有那么严格的界限。我什么书都看，不受专业的限制。这一点直到后来在社科院从事哲学工作，我们所对我仍然有这个评价，说周国平不务正业，什么都干。

第二个特点是"不走弯路，直奔大师"。一个人一辈子能够用来读书的时间是很有限的，你不应该把时间浪费在比较平庸的作品上面。我觉得一个人读什么样的书，其实跟自己的精神成长的关系非常大，可以说你吸取了什么样的营养，你的精神就会长成什么样的状态。古希腊有一个哲学家，他说过有人很奇怪，明明喜欢哲学，但是不去读哲学家的著作，反而去读旁边介绍哲学的著作。这就像有一个人爱上女主人，可是他怕麻烦，就向女仆求婚，这不是很可笑吗？

第三点，尽管我是读经典，但是我"不求甚解，为我所用"，这是我的第三个特点。真正要搞一个课题，必须是很认真地弄清楚它的原意是什么。但对一般的阅读来说，没有必要去死抠含义是什么，如果读的过程中不感兴趣，你可以跳过去，慢慢的，不求甚解，随着积累，有一天你就会发现你读那些书非常愉快，可以把它当闲书一样读。我想这个过程实际上也是为我所用，读书到底是为了什么？如果我们排除做学问很实际的目的，读书就是我在吸取营养，把自己丰富起来。我自己感觉，读书最愉快的是什么时候？是你突然发现"我也有这个思想"。最快乐的时候是把你本来已经有的，你却不知道的东西唤醒了。

严文井（1915—2005）　湖北武昌人。中国现代作家、著名儿童文学家。曾任中宣部文艺处处长，中国作家协会党组副书记，《人民文学》主编，人民文学出版社社长、总编辑，国际儿童读物联盟中国分会主任，儿童文学委员会主任，第五届全国人大代表，全国第五、六、七届政协委员等。著有《南南和胡子伯伯》《丁丁的一次奇怪旅行》等，有《严文井文集》等。

读书，人才更加像人

严文井

　　如果一个人有了"知识"这样一个概念，并且认识了自己知识贫乏的现状，他就可能去寻求、靠近知识。相反，如果他认为自己什么都懂，他就会远离知识，在他自以为是在前进的时候，走着倒退的路。我读书非常少的时候，就产生了求学的强烈愿望。当我知道了世界上书籍数目如何庞大的时候，我又产生了分辨好坏，选择好书的愿望。

　　教科书不过是古往今来的各种书籍当中的一小部分，你不得不尊敬它们，但不必害怕它们，更不要被它们捆住手脚。为此，我已经付出了不小的代价，我没有考进大学，我并不认为自己不好学。

如果我在思考一个问题，长期得不到解答，我就去向古代的智者和当代的求索者求教，按照一个明显的目的，我打开了一本又一本书。

有的书给了我许多启发，有的书令我失望。即使在那些令我失望的书面前，我还是感觉有收获。那就是：道路没有完毕，还得继续走下去。

书籍默不作声，带着神秘的笑容等待着我们。当你打开任何一本书籍的时候，马上你就会听到许多声音，美妙的音乐或刺耳的噪声。你可以停留在里面，也可以马上退出来。

至于我，即使那本书里有魔鬼在嚎叫，我也要听一听，这是为了辨别小夜曲、牛鸣、苍蝇的嗡嗡、狮吼和魔鬼的歌唱有什么差别。这些差别也是知识。

书籍对所有的人都是平等的。即使你没有上过任何学校，只要你愿意去求教，它们都不拒绝。

我读过一点点书，最初是为了从里面寻找快乐和安慰，后来是为了从里面寻找苦恼和疑问。

　　只要活着，我今后还要读一点点书，这是为了更深地认识我自己和我同辈人知识的贫乏。

　　书籍，在所有动物里面，只有人这种动物才能制造出来。

　　读书，人才更加像人。

陈平原　1954年生于广东潮州。当代著名学者。北京大学中文系教授，教育部"长江学者"特聘教授。主要研究20世纪中国文学、现代中国教育及学术等。著作有《中国小说叙事模式的转变》《中国现代学术之建立》《中国散文小说史》《中国大学十讲》《触摸历史与进入五四》《大学何为》等多种。获"作出突出贡献的中国博士学位获得者"、全国高校人文社会科学研究优秀著作奖、国家图书奖荣誉奖等。

作为一种生活方式的"读书"

陈平原

一、读书的定义

什么叫"读书",动词还是名词,广义还是狭义,是"万般皆下品,唯有读书高"的读书,还是"学得好不如长得好,长得好不如嫁得好"的读书?看来,谈论"读书",还真得先下个定义。

"读书"是人生中的某一阶段。朋友见面打招呼:"你还在读书?"那意思是说,你还在学校里经受那没完没了的听课、复习、考试等煎熬。可如果终身教育的思路流行,那就可以坦然回答:活到老学到老，这么大年纪，还"背着那书包上学堂"，一点也不奇怪。

"读书"是社会上的某一职业。什么叫以读书为职业，就是说，不擅长使枪弄棒，也不是"商人重利轻别离，前月浮梁买茶去"。过去称读书郎、书生，现在则是教授、作家、研究员，还有许多以阅读、写作、思考、表达为生的。

"读书"是生活中的某一时刻。"都什么时候了，还手不释卷?"春节放假，你还沉湎书海，不出外游览，也不到歌厅舞厅玩乐。

"读书"是精神上的某一状态。在漫长的中外历史上，有许多文化人固执地认为，读不读书，不仅关涉举动，还影响精神。商务印书馆出版加拿大学者曼古埃尔所撰《阅读史》(2002)，开篇引的是法国作家福楼拜1857年的一句话:"阅读是为了活着。"这么说，不曾阅读或已经告别阅读的人，不就成了行尸走肉? 这也太可怕了。还是中国人温和些，你不读书，最多也只是讥笑你俗气、懒惰、不上进。宋人黄庭坚《与子飞子均子予书》称："人胸中久不用古今浇灌之，则俗尘生其间，照镜觉面目可憎，对人亦语言无味也。"问题是，很多人自我感觉很好，照镜从不觉得面目可憎，这可就麻烦大了。

这四个定义都有道理，得看语境，也看趣味。中国的学历高消费，让人哭笑不得。如果有一天，连学校里看大门的，也都有了博士学位，那绝不是中国人的骄傲。眼看着很多年轻人盲目"考博"，我心里凉了半截，我当然晓得，都是找工作给逼的。这你就很容易明白，很多皓首穷经的博士生，一踏出校门，就再也不亲近书本了，还美其名曰"实践出真知"。

想到这些，我才格外欣赏那些不为文凭，凭自家兴趣读书的人。在北大教书，自然是看好自己的学生；可对那些来路不明的"旁听生"，我也不敢轻视，总是睁一只眼闭一只眼，只要不影响正常的教学秩序，教室里有位子，你尽管坐下来听。这种不太符合校规的通融，其实更适合孔夫子"有教无类"的设想。

拿学位必须读书，但读书不等于拿学位。这其中的距离，何止十万八千里。1917年，蔡元培到北大当校长，开学演讲时，专门谈这问题，希望学生们以学问为重，不要将大学看做文凭贩卖所(《就任北京大学校长之演说》)。第二年开学，蔡先生再次强调："大学为纯粹研究学问之机关，不可视为养成资格之所，亦不可视为贩卖知识之所。"(《北大一九一八年开学式演说词》)

大致感觉是，今日中国，"博士"吃香，但"读书人"落寞。所谓"手不释卷"，变得很不合时宜了。至于你说读书能"脱俗"，人家不稀罕；不只不忌讳"俗气"，还以俗为雅，甚至"我是流氓我怕谁"。

二、读书的成本

现在流行一个说法，叫"经济学帝国主义"，说的是经济学家对自家学问过于自信，不只谈经济，还谈政治、文化、道德、审美等，似乎经济学理论能解决一切问题。于是，讲机会，讲效率，讲成本核算，成了最大的时尚。你说"读书"，好吧，先算算投入与产出之比，看是否值得。学生选择专业，除个人兴趣外，还有成本方面的考量，这我理解。我不谈这些，谈的是作为一种生活方式以及精神状态的"读书"。

作为一种物质形态的"书籍"，与作为一种社会行为的"读书"之间，有某种微妙的关系，值得仔细钩稽。这里所谈论的"读书成本"，带有戏拟的成分，可博诸位一笑。

那是一则现代文学史上的公案。这么多劝学诗文，最有趣的，莫过于《礼拜六》的说法："买笑耗金钱，觅醉碍健康，顾曲苦喧嚣，不若读小说之省俭而安乐也。"也就是说，读书好，好在既便宜，又卫生。"一编在手，万虑都忘，劳瘁一周，安闲此日，不亦快哉！"（王钝根《〈礼拜六〉出版赘言》）

《礼拜六》诸君越说越邪乎，甚至在报纸上登广告："宁可不娶小老嬷，不可不看《礼拜六》。"这下子可激怒了新文学家，叶圣陶撰《侮辱人们的人》，称："这实在一种侮辱，普遍的侮辱，他们侮辱自己，侮辱文学，更侮辱他人！"宁肯不娶小老婆云云，当然是噱头，不可取；可也说出实情：随着出版及印刷业的发展，书价下降，普通人可以买得起书刊，阅读成为并不昂贵的消费。起码比起大都市里其他更时髦的文化娱乐，是这样。我说的不是赌博、吸毒或游走青楼等不良行为，比起看电影，听歌剧，观赏芭蕾舞、交响乐来，读书还是最便宜的——尽管书价越来越贵。

现在好了，大学生在校园里，可以免费上网；网上又有那么多文学、史学、哲学名著，可以自由阅读乃至下载。好歹受过高等教育，工作之余，你干什么？总不能老逛街吧？听大歌剧、看芭蕾舞，很高雅，可太贵了，只能偶尔为之。于是，逛书店，进图书馆，网上阅读等，成了日常功课。可问题又来了，阅读需要时间。

十几年前，在香港访学，跟那里的教授聊天，说你们拿那么多钱，做出来的学问也不怎么样，实在让人不佩服。人家说，这你就外行了，正因为钱多，必须消费，没时间读书。想想也有道理。大家都说七七、七八级大学生读书很刻苦，他们之所以心无旁骛，一心向学，除了希望追回被耽误的时光，还有一点，那时的诱惑少。不像今天的孩子们，目迷五色，要抵抗，很难。我的经验是，穷人的孩子好读书，一半是天性，以及改变命运的强烈愿望；一半则是无奈，因太时尚太高雅的娱乐玩不起。不过，没关系，这种选择的限制，有时因祸得福。作为生活方式的读书，对财力要求不太高，反而对心境和志趣要求更高些。

三、读书的姿态

有人会读书，有人不会，或不太会读书。只说

"开卷有益",还不够。读书,读什么书,怎么读?有两个说法,值得推荐。一是清末文人孙宝瑄的,他在《忘山庐日记》中说,书无新旧,无雅俗,就看你的眼光。以新眼读旧书,旧书皆新;反过来,以旧眼读新书,新书皆旧。

林语堂说的更有趣:只读极上流的,以及极下流的书。中流的书不读,因为那些书没有自家面目,人云亦云。最上流的书必须读,这不用说,谁都会这么认为。可为什么要读极下流的书呢?极下流的书里,泥沙混杂,你可以沙里淘金——因为社会偏见,很多先知先觉者的著述,最初都曾被查禁。还有一点,读这种书的人少,你偶尔引述,可以炫耀自己的博学。很多写文章的人,都有这习惯,即避开大路,专寻小径,显得特有眼光。这策略,有好有坏。

金克木有篇文章,题目叫《书读完了》,收在《燕啄春泥》(人民日报出版社,1987)中,说的是历史学家陈寅恪曾对人言,少时见夏曾佑,夏感慨："你能读外国书，很好；我只能读中国书，都读完了，没得读了。"他当时很惊讶，以为夏曾佑老糊涂了；等到自己也老了，才觉得有道理：中国古书不过是那么几十种，是读得完的。这是教人家读原典，不要读那些二三手文献，要截断众流，从头说起。

其实，所谓的"经典"，并不是凝固不变的；不同时代、不同民族、不同阶层甚至不同性别，经典的定义在移动。谈"经典"，不见得非从三皇五帝说起不可。善读书的，不在选择孔孟老庄那些不言自明的经典，而在判定某些尚在路上、未被认可的潜在的经典。补充一句，我主张"读经典"，但不主张"读经"——后者有特定含义，只指向儒家的四书五经，未免太狭隘了。

谈到读书，不能不提及阅读时的姿态。你的书，是搁在厕所里，还是堆在书桌上，是放在膝盖还是拿在手中，是正襟危坐还是随便翻翻，阅读的姿态不同，效果也不一样。为什么？这涉及阅读时的心态，再往深里说，还关涉阅读的志趣与方法等。举个大家都熟悉的人物，看鲁迅是怎样读书的。

鲁迅在《且介亭杂文·随便翻翻》中说，自己有个"随便翻翻"的阅读习惯："书在手头，不管它是什么，总要拿来翻一下，或者看一遍序目，或者读几叶内容"；不用心，不费力，拿这玩意来作消遣，明知道和自己意见相反的书要翻，已经过时的书也要翻，翻来翻去，眼界自然开阔，不太容易受骗。

这"随便翻翻"的意思，接近陶渊明《五柳先生传》所说的"好读书，不求甚解"。可必须记得，鲁迅说了，这不是读书的全部，是"当作消闲的读书"，"如果弄得不好，会受害也说不定的"。这就是鲁迅杂文的特点，怕你胶柱鼓瑟，说完了，自我调侃，甚至自我消解，让你培养独立意志与怀疑精神。确实如此，鲁迅还有另一种读书姿态。

就拿治小说史来说，鲁迅称："我都有我独立的准备"。(《不是信》)将《古小说钩沉》《唐宋传奇集》《小说旧闻钞》三书，与《中国小说史略》

相对照，不难发现鲁迅著述态度的严谨。比起同时代诸多下笔千言、离题万里的才子来，鲁迅的学术著述实在太少；许多研究计划之所以没能完成，与其认真得有点拘谨的治学态度有关。可几十年过去了，尘埃落定，不少当初轰动一时的"名著"烟消云散，而《中国小说史略》却依然屹立，可见认真也有认真的好处。

回到读书，该"随便翻翻"时，你尽可洒脱；可到了需要"扎死寨，打硬仗"的时候，你可千万马虎不得。所有谈论大学校园或读书生活的，都拣好玩的说，弄得不知底细的，以为读书很轻松，一点都不费力气。你要这么想，那你就大错特错了。挂在口头的轻松与压在纸背的沉重，二者合而观之，才是真正的读书生活。

四、读书的乐趣

在重视学历的现代社会，读书与职业之间，存在着某种联系。大学里，只讲修心养性固然不行，可都变成纯粹的职业训练，也未免太可惜了。理想的状态是，不只习得精湛的"专业技能"，更养成高远的"学术志向"与醇厚的"读书趣味"。

读书必须求解，但如何求解，有三种可能性：好读书，不求甚解——那是名士读书；好读书且求甚解——那是学者读书；不读书，好求甚解——这叫豪杰读书。后面这句，是对于晚清"豪杰译作"的戏拟。自由发挥，随意曲解，虽说别具一格，却不是"读书"的正路。

陶渊明的"好读书，不求甚解"，必须跟下面一句连起来，才有意义："每有会意，便欣然忘食"。这里关注的是心境。所谓"古之学者为己，今之学者为人"，如何解说？为自家功名读书，为父母期待读书……都有点令人担忧。为读书而读书——据叶圣陶称，郑振铎谈及书籍，有句口头禅"喜欢得弗得了"（《〈西谛书话〉序》）——那才叫真爱书，真爱读书。读书这一行为自身，也就有了意义，不必"黄金屋"或"颜如玉"来当药引。将读书作为获取生活资料的手段，或者像龚自珍自嘲的那样"著书都为稻粱谋"，那都是不得已而为之。

古之学者，读书有得，忍不住了，只好著述；今之学者，则是为著述而读书。今日中国，学术评价制度日渐刻板，学美国，"不出版，就死亡"。于是，大家见面，不问读了什么好书，只问出了什么新书，还有申请到什么课题。真不知道如果不报课题，还读不读书。我的感觉是，这种为著述而读书的习惯，很容易使阅读失去乐趣。

作为学者，你整天手不释卷，如果只是为了找资料写论文，也会走向另一极端，忘记了读书是一件很愉快的事情。我自己也有这样的教训。十几年前，为了撰写《千古文人侠客梦》，我猛读了很多好的、坏的武侠小说。读伤了，以致很长时间里，一见到武侠小说就头疼。真希望有一天，能完全卸下学者的盔甲，自由自在地读书。我写过两本闲书《阅读日本》和《大英博物馆日记》，那不是逞能，而是希望自己能恢复对于未知世界的好奇心以及阅读乐趣。

阅读这一行为，在我看来，本身就具备某种特殊的韵味，值得再三玩赏。在这个意义上，阅读既是手段，也是目的。只是这种兼具手段与目的的阅读，并非随时随地都能获得。在《大英博物馆日记》的后记中，我引了刘义庆《世说新语》"任诞篇"里的王子猷夜访戴安道的故事。真希望"读书"也能到达这个境界："吾本乘兴而行，兴尽而返"，何必考试？何必拿学位？何必非有著述不可？当然，如此无牵无挂、自由自在的"读书"，是一种理想境界，现实生活中很难实现。但虽不能至，心向往之。

陶渊明所说的"每有会意，便欣然忘食"，是很多读书人的共同体会；不仅"忘食"，还可能忘了生死。刚才提到的《阅读史》中，有一幅摄于1940年伦敦大轰炸期间的照片，很感人。坍塌的图书馆，靠墙的书架并没倒下，瓦砾堆中，三个男子还在怡然自得地阅读。这固然是对抗厄运，坚信未来，但也不妨解读为："阅读"已经成为必要的日常生活，成为生命存在的标志。这本书中，穿插了大量关于书籍以及阅读的历史图像，很好看。

五、读书的策略

读书，读什么书？读经典还是读时尚，读硬的还是读软的，读雅的还是读俗的，专家各有说法。除此之外，还牵涉到不同的学科。我的建议是，读文学书。为什么？因为没用。没听说谁靠读诗发了大财，或者因为读小说当了大官。今人读书过于势利，事事讲求实用，这不好。经济、法律等专业书籍很重要，这不用说，世人都晓得。我想说的是，审美趣味的培养以及精神探索的意义，同样不能忽略。当然，对于志向远大者来说，文学太软弱了，无法拯世济民；可那也不对，你想想鲁迅存在的意义。

　　两年前，香港学者饶宗颐先生在北大演讲，提到法国汉学家戴密微跟他说的两句话：中国文学世界第一；研究中国，从文学入手是最佳途径。从文学入手研究中国，照样可以广大，可以深邃。而且，我特别看重一点：从文学研究入手，容易做到体贴入微，有较好的想象力与表达能力。所有这些，都并非可有可无，不是装饰品，而是直接影响你的学问境界与生活趣味。你看外国著名的哲学家、思想家，他们的著作中对于文学经典的引述与发挥，你就明白，中国学者对于文学的阅读，普遍不是太多，而是太少、太浅。

　　中国传统文化博大精深，确实应该发扬光大，因此，建国学院，修清史，编《儒藏》，我都没意见。我想提醒的是，今天谈"传统"，有两个不同的含义。晚清以降，中国人与西学对话、抗争、融合，并因此而形成的新文化，已经是一个不容忽视的新的传统。比如，谈文学，你只讲屈原、李白、杜甫、关汉卿、曹雪芹，不讲鲁迅，行吗？说到现代文学，因为是我的老本行，不免多说两句。不是招生广告，而是有感而发。尽管我也批评五四新文化人的某些举措，但反对将"文化大革命"的疯狂归咎于五四的反传统。随着中国经济实力以及国际地位的迅速提升，很多人开始头脑发热，听不得任何批评的声音。回过头来，指责五四新文化人的反叛与抗争，嘲笑鲁迅的偏激与孤独。我理解这一思潮的变化，但也警惕可能的"沉渣泛起"。

说到读书的策略，我的意见很简单：第一，读读没有实际功用的诗歌、小说、散文、戏剧等；第二，关注跟今人的生活血肉相连的现当代文学；第三，所有的阅读，都必须有自家的生活体验做底色，这样，才不至于读死书，读书死。

古今中外，"劝学文"汗牛充栋，你我都听了，效果如何？那么多人真心诚意地"取经"，但真管用的很少。这里推荐章太炎的思路，作为结语。章先生再三强调，平生学问，得之于师长的，远不及得之于社会阅历以及人生忧患的多。《太炎先生自定年谱》"1910 年"条有言："余学虽有师友讲习，然得于忧患者多。"而在 1912 年的《章太炎先生答问》中，又有这么两段："学问只在自修，事事要先生讲，讲不了许多。""曲园先生，吾师也，然非作八股，读书有不明白处，则问之。"合起来，就三句话：学问以自修为主；不明白处则问之；将人生忧患与书本知识相勾连。借花献佛，这就是我所理解的。

杨　绛（1911—2016）　本名杨季康，江苏无锡人。中国现当代著名作家、戏剧家、翻译家、外国文学研究家。钱锺书夫人。通晓英语、法语、西班牙语。代表作有：译著《堂吉诃德》、剧本《称心如意》、散文随笔《我们仨》《走到人生边上》等，有《杨绛文集》。

读书苦乐

杨　绛

读书钻研学问，当然得下苦功夫。为应考试、为写论文、为求学位，大概都得苦读。

陶渊明好读书。如果他生于当今之世，要去考大学，或考研究院，或考什么"托福儿"，难免会有些困难吧？我只愁他政治经济学不能及格呢，这还不是因为他"不求甚解"。

我曾挨过几下"棍子"，说我读书"追求精神享受"。我当时只好低头认罪。我也承认自己确实不是苦读。不过，"乐在其中"并不等于追求享受。这话可为知者言，不足为外人道也。

我觉得读书好比串门儿——"隐身"的串门儿。

要参见钦佩的老师或拜谒有名的学者，不必事前打招呼求见，也不怕搅扰主人。翻开书面就闯进大门，翻过几页就升堂入室；而且可以经常去，时刻去，如果不得要领，还可以不辞而别，或者另找高明，和他对质。不问我们要拜见的主人住在国内国外，不问他属于现代古代，不问他什么专业，不问他讲正经大道理或聊天说笑，都可以挨近前去听个足够。我们可以恭恭敬敬旁听孔门弟子追述夫子遗言，也不妨淘气地笑问"言必称'亦曰仁义而已矣'的孟夫子"，他如果生在我们同一个时代，会不会是一位马列主义老先生呀？我们可以在苏格拉底临刑前守在他身边，听他和一位朋友谈话；也可以对斯多葛派伊匹克悌忒斯（epictetus）的《金玉良言》思考怀疑。我们可以倾听前朝列代的遗闻逸事，也可以领教当代最奥妙的创新理论或有意惊人的故作高论。反正话不投机或言不入耳，不妨抽身退场，甚至砰一下推上大门——就是说，拍地合上书面——谁也不会嗔怪。这是书以外的世界里难得的自由！

壶公悬挂的一把壶里，别有天地日月。每一本书——不论小说、戏剧、传记、游记、日记，以至散文诗词，都别有天地，别有日月星辰，而且还有生存其间的人物。我们很不必巴巴地赶赴某地，花钱买门票去看些仿造的赝品或"栩栩如生"的替身，只要翻开一页书，走入真境，遇见真人，就可以亲亲切切地观赏一番。

说什么"欲穷千里目，更上一层楼"！我们连脚底下地球的那一面都看得见，而且顷刻可到。尽管古人把书说成"浩如烟海"，书的世界却真正的"天涯若比邻"，这话绝不是唯心的比拟。世界再大也没有阻隔。佛说"三千大千世界"，可算大极了。书的境地呢，"现在界"还加上"过去界"，也带上"未来界"，实在是包罗万象，贯通三界。而我们却可以足不出户，在这里随意阅历，随时拜师求教。谁说读书人目光短浅，不通人情，不关心世事呢！这里可得到丰富的经历，可认识各时各地、多种多样的人。

经常在书里"串门儿"，至少也可以脱去几分愚昧，多长几个心眼儿吧？我们看到道貌岸然、满口豪言壮语的大人先生，不必气馁胆怯，因为他们本人家里尽管没开放门户，没让人闯入，他们的亲友家我们总到过，自会认识他们虚架子后面的真嘴脸。一次我乘汽车驰过巴黎塞纳河上宏伟的大桥，我看到了栖息在大桥底下那群拣垃圾为生、盖报纸取暖的穷苦人。不是我眼睛能拐弯儿，只因为我曾到那个地带去串过门儿啊。

可惜我们"串门"时"隐"而犹存的"身"，毕竟只是凡胎俗骨。我们没有如来佛的慧眼，把人世间几千年积累的智慧一览无余，只好时刻记住庄子"生也有涯而知也无涯"的名言。我们只是朝生暮死的虫豸（还不是孙大圣毫毛变成的虫儿），钻入书中世界，这边爬爬，那边停停，有时遇到心仪的人，听到惬意的话，或者对心上悬挂的问题。偶有所得，就好比开了心窍，乐以忘言。这个"乐"和"追求享受"该不是一回事吧？

叶灵凤（1905—1975）　原名叶蕴璞，江苏南京人。作家、编辑出版家、画家、藏书家，创造社后期重要成员。主编过《洪水》《幻洲》《现代小说》《救亡日报》等刊物，去香港后主编《星岛日报》副刊《星座》等。著有《菊子夫人》《处女的梦》《红的天使》《香港方物志》等，有《叶灵凤文集》《叶灵凤精选集》等。

重读之书

叶灵凤

小泉八云曾劝人不要买那只读一遍不能使人重读的书。这是一句意味深长的读书箴言，也是买书箴言。中国古语所谓书籍"汗牛充栋，浩如烟海"，在机械生产的今日，一个人即使财力和精力都胜任，恐怕也不能读尽所有的书，买尽所有的书。因此，我们在不十分闲暇的人生忙迫之中，能忙里偷闲，将自己所喜爱的读过的书取出重读一遍，实是人生中一件愉快的事。

读书本是精神上的探险，尽管他人的介绍与推荐，对于一本书的真实印象如何，总要待自己读完之后才可决定。有些为一般人所指责的书，自己因个人的特性或一时的环境关系，竟有特殊的爱好，这正与名胜的景色一样，卧游固然是乐事，然而亲临其地观赏，究竟与在游览指南之类所得者不同。将读过的书重读一遍，正与旧地重临一样，同样是那景色，同是自己，却因了心情和环境的不同，会有一种熟稔而又新鲜的感觉。这在人生中，正如与一位多年不见的旧友相逢，你知道他的过去，但是同时又在揣测他目前的遭遇如何。

有人说，与其读一百部好书，不如将五十部重读一遍，因为仔细地将已经获得的重新加以咀嚼，有时比生吞活剥更有好处。但可惜的是，人生太短，好书太多，我们遂终于在顾此失彼中生活，正如可爱的季辛所感慨：

"唉，那些不能有机会再读一遍的书哟！"

季辛所惋惜的，不仅是可以重读，而是那少数可以百读不厌的书，因为他接着又说：

"温雅的安静的书，高贵的启迪的书：那些值得埋头细嚼，不仅一次而且可以重读多次的书。可是我也许永无机会再将他们握在手里一次了；流光如驶，而时日又是这样的短少。也许有一天，当我躺在床上静待我的最后，这些被遗忘的书中的一部会走入我彷徨的思索之中，而我便像记起一位曾经于我有所助益的朋友一样地记起他们——偶然邂逅的友人。这最后的诀别之中将含着怎样的惋惜！"

在这岁暮寒天，正是我们思念旧友，也正是我们重新翻开一册已经读过一次，甚或多次的好书最适宜的时候。

毕淑敏 1952年生于新疆伊宁。当代著名作家,心理学博士,主治医师。北京市作家协会副主席,中国作家协会全国委员,中国婚姻研究会常务理事。代表作有《红处方》《血玲珑》《昆仑殇》《婚姻鞋》等。获《小说月报》百花奖、《昆仑》杂志文学奖、《青年文学》奖、《当代》文学奖、解放军文艺奖、《北京文学》奖、台湾联合报文学奖、台湾时报文学奖等。

阅读是一种孤独

毕淑敏

阅读的感觉难以比拟。

它有些像吃。对于头脑来说，渴望阅读的时刻必定虚怀若谷。假如脑袋装得满满当当，不断溢出香槟酒一样的泡沫，不论这泡沫是泛着金黄的铜彩还是热恋的粉红，都不宜于阅读，尤其是阅读名著。

头脑需嗷嗷待哺，像荒原上觅食的狼。人愈是年轻的时候，愈是贪吃。随着年龄的增长，我们吃得渐渐地少了，但要求渐渐地精了。我们知道了什么于我们有益，什么于我们无补。我们不必像小的时候，总要把整碗面都吃光，才知道碗底下并没有卧着个鸡蛋。我们以为是碗欺骗了我们，其实是缺少经验。有许多长寿的人，你问他们常吃什么食品，他们回答说：什么都吃，并无特殊的禁忌。但有许多东西他们只尝一口，就尖锐地判断出成色。我想寿星佬的胃一定都是很坚强的，只有一个坚强的胃才能养活得了一个聪明的脑。读书也是一样，好的书，是人参、燕窝、熊掌，人生若不大快朵颐，岂不白在世上潇洒走过一回？坏的书，是腐肉、砒霜、氰化物，浪费了时间贻误了性命。关于读什么书好的问题，要多听老年人的意见，他们是有经验的水手。也许在航道的选择上有趋于保守的看法，但他们对于风暴的预测绝对准确。名著一般多是经过了许多年代的考验，是被大师们的智慧之磨研磨了无数遭的精品。读的时候，像烈火烹油的满汉全席，为大享乐。

它有些像睡。我小的时候，当我忧愁，当我病痛，当我莫名其妙烦躁的时候，妈妈总是摸着我的头说，去睡吧。睡一觉也许就好了。睡眠中真的蕴藏着奇妙的物质，起床的时候我们比躺下时信心倍增。阅读是一种精神的按摩，在书页中你嗅得见悲剧的泪痕，摸得着喜剧的笑靥，可以看清智者额头的皱纹，不敢碰撞勇士鲜血淋淋的创口……当合上书的时候，你一下子苍老又顿时年轻。菲薄的纸页和人所共知的文字只是由于排列的不同，就使人的灵魂和它发生共振，为精神增添了新的钙质。当我们读完名著的最后一个字时，仿佛从酣然梦幻中醒来，重又生机盎然。

它有些像搏斗。阅读的时候，我们不断地同书的作者争辩。我们极力想寻出破绽，作者则千方百计把读者柔软的思绪纳入他的模具。在这种智力的角斗中，我们往往败下阵来。但思维的力度却在争执中强硬了翅膀。在读名著的时候，我常常在看上一页的时候，揣测下一页的趋势。它们经常同我的想象悬殊甚远。这种时候我会很高兴，知道自己碰上了武林中的高手。大师们的著作像某一流派掌门人的秘籍，记载着绝世的功法。细细研读，琢磨他们的一招一式，会在潜移默化中悟出不可言传的韵律。只是江湖上的口诀多藏之深山之密室，各个学科大师们的真迹却是唾手而得。由于它的廉价和平凡，人们常常忽视了它的价值。那是古往今来人类最智慧的大脑留给我们的结晶啊！我一次次在先哲们辉煌的思辨与精湛的匠艺面前顶礼膜拜，我一次次在无与伦比的语言搭配之下惊诧莫名……我战胜自己的怯懦不断地阅读它们，勇敢地从匍匐中站起。我知道大师们在高远的天际微笑着注视着后人，他们虽然灿烂却已经凝固。他们是秒表上固定了的纪录，是一根不再升高的横杆。今人虽然暗淡，但我们年轻。作为阅读者，我们还处在生命的不断蜕变之中，蛹里可能飞出美丽的天鹅。在阅读中，我们被征服。我们在较量中蓬勃了自身，迸发出从未有过的力量。

阅读是一种孤独。几个人共看一本书，那只是在极小的时候争抢连环画。它同看电影、看录像、听音乐会是那样地不同。前者是一块巨大的生日蛋糕可以美味地共享，后者只是孤灯下的一盏清茶，只可独啜，倾听一个遥远的灵魂对你一个人的窃窃私语。他在不同的时间对不同的人说过同样的话，但你此时只感觉他在为你而歌唱。如果你不听，他也不会恼，只会无声地从书页里渗出悲悯的叹息。你啪地合上书，就把一代先哲幽禁在里面。但你忍不住又要打开它，穿越历史的灰尘与他对话。

阅读名著不可以在太快乐的时光。人们在幸福的时候往往读不进书。快乐是一团粉红色的烟雾，易使我们的眼睛近视。名著里很少恭维幸运的话语，它们更多是苦难之蚌分泌的珍珠。

阅读名著也不可在富裕的时刻。阅读其实是思索的体操，富裕的膏脂太多时，脑子转动得就慢了。名著多半是智者饿着肚子时写成的，过饱者是不大读得懂饥饿的文字的。真正的阅读，可以发生在喧嚣的人海，也可以坐落在冷峻的沙漠。可以在灯红酒绿的闹市，也可以在月影婆娑的海岛。无论周围有多少双眼睛，无论分贝达到怎样的嘈杂，真正的阅读注定孤独。那是一颗心灵对另一颗心灵单独的捶击，那是已经成仙的老爷爷特地为你讲的故事。

何永炎　安徽和县人。当代作家。1965年大学毕业后，长期从事文宣工作。退休之后为报刊撰写专栏文章，著有散文随笔集《秋日漫语》《湖上随笔》《荔园书话》《梅林闲笔》等。

闲话枕边阅读

何永炎

大凡读书人都喜欢在枕边放一本书，入睡前翻几页。连我那读小学的孙儿睡前都要读几页书。他说，不读书睡不着。他的这种枕边阅读习惯完全是受家人的影响而形成的。

这种枕边阅读是极富个性且多样化的，而这种阅读趣味和选择的个性化、多样化，其实是阅读文化本质精神的最好体现。唐朝诗人卢照邻《长安古意》中有"寂寂寥寥扬子居，年年岁岁一床书。独有南山桂花发，飞来飞去袭人裾"的诗句，其中所描写的或许是秋意阑珊的午后，读几句枕边书的意境，而这正是诗人陶然忘机的逸兴所在。

今天，职场竞争日趋激烈，工作压力日益加大，丰富自我生活的体验已成为转移压力的一种方式。作家刘心武说，凡是读得入心的、留下深刻印象的、至今回味无穷的、最惬意的书，确乎是取卧读姿势的居多。他说，尤其在冬日，钻进雪白温暖的被窝中，枕头发出洗涤晾晒后的一股阳光的鲜味，读着自己百读不厌的旧书，实在是人生之最乐。我今日是一个闲散的退休老人，除了读书，别无所好。我的枕边也常放着一些历史书和人物传记，我读它们除了以古鉴今，以人为镜，视古今为一脉作综合考量、观照现实外，其余的目的全是为了清心。

温家宝说："环顾历史，那些赫赫有名的人物都到哪里去了？他们像一股青烟消失了。"这句话源自古罗马帝国皇帝兼哲学家马可·奥勒留撰写的《沉思录》。温家宝说："我把这本书天天放在我的床头，我可能读了有一百遍，天天都在读。"以政治为业的领袖人物常把历史和哲学著作当作枕边阅读的首选。

奥巴马曾经在哥伦比亚广播公司的《60分钟》节目上说："危机，美国曾经经历过，我正在读一本关于罗斯福总统上任百日的新书，帮助非常大。"后来，奥巴马的这本枕边书《无所畏惧》成了不少政治家的必读书。政治家是为国家把舵的人，他们的枕边阅读离不开"有所为"的目的。

有出国经历的人多半会注意到，在西方国家一些旅馆房间的床头，常摆着一本《圣经》。我去日本看到不少宾馆都是这样做的。历史学家余英时曾就此提出一个建议：中国旅馆的每个房间都应该放一部《四书》，总会有人翻两句，得一句有一句的好处。

夜晚是人们枕边阅读的最好时间。记得黑格尔说过，哲学犹如米涅瓦的猫头鹰，不到黄昏不起飞。英国作家劳伦斯也说过，夜晚是我们读历史、悲剧和传奇的时间——所有这一切，都是往昔的，是过去的声音，是已经完结、已经终结的事物的声音，不是甜蜜的终结，就是苦涩的终结。

阅读从根本上说是私领域的事，它足以构成某种抗衡公领域的力量。当内心受到社会环境的影响而蒙尘时，枕边阅读便是一种擦拭。以上这些哲人和作家告诉我们，夜晚是我们思考、反省的最好时间。这个时候，也是我们灵魂相对安静的时候，只有在这个时候，我们才能够摘掉白日的世俗面具，卸下心灵的盔甲，面对自己赤裸裸的灵魂和一个真实的自我，而阅读，也必得有这样一个自由的、随心所欲的精神状态。此时的枕边阅读，自然会成为我们灵魂的托庇之所，其中至关重要的是，那些恒久的、有益于道德形成的价值，会通过枕边阅读潜移默化于人的心灵。

陈 村 1954年生，原名杨遗华，上海人。当代作家。上海市作家协会副主席，上海网络作家协会会长。著有《鲜花和》《走通大渡河》《陈村文集》等。荣获中国第二届少数民族文学奖、上海首届文学作品奖、五四青年文学奖等。

躺着读书

陈　村

　　近日外出，途经南京跳下车来，去会会一位书友。他睡单人床，床边有书两排，贴墙而起，自床头伸至床脚。我在他床上躺过一躺，平平卧起，放出右手，就像身边长着一棵书的树，任采任摘。据资料，毛泽东也是这样读书，书半床人半床的。这样读书是很浪漫的。

　　读书的最佳姿势不是在课桌前，而是枕上。凡读书人都知此诀窍。身体安静了，脑瓜才活跃得起来。何况读书也是一类占有，当然以躺卧为首选姿势。能有资格躺在自己身边的，不能不是密友。自己能不拘礼仪躺着相会的，也是密友。无拘无束的，平平等等的，心心相印的。推想开去，放在床头而不嫌的，必是人们心爱的物件。烟民将香烟放于枕边，匪徒将手枪置于枕下。尽管书刊既不能防身，也抽它不着，爱书的人依然不弃不嫌，朝夕为伴，犹如永恒的蜜月。

所以，我的那位朋友至今未娶。

从小喜欢读书，至今依然。可我不明白，为何读书。

我曾想出许多道理，写在纸上，发表出来教诲大家。我说过求知、求友、求情趣一类的话。此类话写在书报上，是很体面的。体面到十全十美，其中必有破绽。

我看的多半是闲书，无知无识的书，不看也不损失什么的书。比如《红楼梦》，虽说有爱红症的人能读上七八遍，有人不屑阅看难道是罪过不成？在我眼中，能躺着看的书方是好书。由此推想，我是在为自己躺着找个借口，以免无所事事，枉自谴责，身心分裂。

所以是个懒人。所以又仿佛不懒。一册在手，勤勤勉勉的样子，将灯开到三更，仍目光炯炯，何懒之有？将太阳睡得老高，有书在手，心安而理得了。

我想，我与其说喜欢黑夜的宁静，不如说害怕黑夜中人的"假死"。我要竭力拖延这一过程，以书作为盾牌。我想，我与其说喜欢通晓奇闻轶事，不如视之对世界的逃避。躲在书后是安全的。任书中杀得天昏地黑，我隔岸观火，常常巴望火势冲天，以求壮观。

读书时，身体死了。又仿佛没死。看到紧张时分，肌肉也像参与者一般反应起来。在死中求不死，在不死中求死，似乎有点佛性的味道了。世事如烟，书中的一切与自己既相干又不相干，出世入世悉听尊便，进退自如。这么一种好处境，谁愿放弃呢？

人的生命过于短暂。人的目力不远，听力不深，舌头不长。人的欲望无限。感谢书中的天地，延伸了人的感官，时间与空间顿时化作眼前的小小的平面。再说，书中另成一个世界。那是多少代人的白日的梦境，拱手交出，与平辈及灰孙子共赏。在这样的事实前，人只能是无力的，唯有用躺卧来表达自己最深切的读书心得。

是啊，我们躺下了，我们也就成了古人。我们才有资格和古人说短论长。我们才能占有和奉献。我们躺下了，才最少意识到衣服的存在。我们和自己的身子组合成一个整体。我们能最充分地体验到"我"。一切都很放松，都在待命，任何抚慰和入侵都历历在目。

古今中外，人们跪、坐、站之姿因时因地而异，唯有躺卧最少变化。所以，躺着的我们，更容易走向前人，走向世界。文化的隔阂呈最小值。躺着是最开放的姿势。

害处也是显而易见的。

当我们在躺卧中度过自己的多半人生，当我们以读书取代自己的多半思想，我们就虽生犹死了。

虽然人的自利本性教我们自得其趣,可是却与生命的要求违背了。没有交替,没有阴阳,没有互补,没有行动对思虑的解毒过程。承载我们的床只是小舟,书却不是铁锚。读书人是无力的。书中的有力的人物只在书中有力。那种假想使我们以为自己也有力起来,有力过了,可是,肌肉日渐萎缩。

读书是一种生活方式,却不是生命的方式。

因此,对书的诅咒历来也是空前的。问题的根本不在于个别的坏书,而是这种生活方式。书迷是为读书而读书。读书的生活,除了生产酒后饭余的谈资,并不生产书。人类容不得这样的纯粹的消费者。

当我面对书屋墙上的那几千册图书时,感觉很复杂。不用说,我是它们的主人,但我又知道,自己永远成不了主人。即使一本最拙劣的书,也不被人从精神上完全占有,无论用什么体位来阅读。我很想以一个"读者"的身份了此一生,然而又必须当一名"作者"。没有"作"是"读"不成的,人不能饿着读书。

我爱好书。好书和好女子一样。你不能一五一十地说着它的短长，只有一种想与之亲近的冲动。当你将身子放平，带着思想的欲望和摩挲书页的快感与其共享你生命中的时间时，你将无意追寻任何意义和见识，你只有一份过后才能体味的愉快。

张　炜　1956年生于山东龙口。当代著名作家。中国作家协会副主席，山东省作家协会主席，万松浦书院院长。代表作有：《古船》《九月寓言》《你在高原》《家族》《能不忆蜀葵》《寻找鱼王》等。获茅盾文学奖、"五个一工程"奖、全国优秀短篇小说奖、全国优秀中篇小说奖、庄重文文学奖等。

看老书

张　炜

　　我们接触到大量的人，也包括自己，某一个阶段会发觉阅读有问题，如读时髦的书过多，读流行读物，甚至是看电视、杂志、小报太多。我们因为这样的阅读而变得心里没底。还有，一种烦和腻，一种对自己的不信任感，都一块儿出现了。

　　总之对自己，对自己的阅读，有点看不起。

　　相对来说，我们忽略了一些老书。老书其实也是当家的书，比如中国古典和外国古典、一些名著。我们还记得以前读它们时曾被怎样打动。那时我们把大量的时间花在读老书上。这些书，不夸张地说，是时间留下来的金块。

新的读物没有接受时间的检验，像沙一样。人人都有一个体会：年轻的时候读新书比较多，一到了中年，就像喜欢老朋友一样喜欢老书了。他们对新书越来越不信任，越来越挑剔。还有，他们对一般的虚构性作品也失去了兴趣。

如果人到中年还不停地追逐时髦，大概也就没什么指望了。

我有一次到海边林子里发现了一个书虫。这个人真是读了很多书，因为他有这样的机会：右派，看仓库，孩子又是搞文字工作的。他们常拿大量的书、报纸、杂志给他，只怕老人寂寞。结果他只看一些像《阿蒙森探险记》一类的东西，还看《贝克尔船长日记》，看达尔文和唐诗，又不止十次地读了鲁迅，屈原也是他的所爱，还有《古文观止》《史记》，反复地读。他把老书读得纸角都翘了，一本本弄得油渍渍的。

我问这么多新书不读，为什么总是读老书呢？他说：你们太年轻了，到了我们这把年纪，就不愿读那些新书了。我们的时间不多了，抓一把都该是最好的。还有，经历了许多事情，一般的经验写进书里，我们看不到眼里去。虚构的东西就是编的，编出来的，你读它做什么？我们尽可能读真东西，像《二十四史》《戴高乐传》《拿破仑传》《托尔斯泰传》，这一类东西读了，就知道实实在在发生过什么，有大启发。

我琢磨他的话，若有所悟。回忆了一下，什么书曾深深地打动过我们？再一次找来读，书未变，可是我们的年龄变了。我们从书中又找到新的感动。我们并不深沉，可是大量的新书比我们还要轻浮10倍，作者哆哆嗦嗦的，这对我们不是一种伤害吗？老书一般都是老成持重的，它们正是因为自己的自尊，才没有被岁月淘汰。

轻浮的书是漂在岁月之河上的油污、泡沫，万无存在下去的道理。

当年读像托尔斯泰的《复活》，感动非常，记忆里总是特别新鲜，不能消失。里面的忏悔啊，辩论啊，聂赫留朵夫在河边草垛与青年人的追逐——月光下坚冰咔嚓咔嚓的响声，这些至今簌簌如新，直到现在想起来，似乎还能看到和闻到那个冬天月夜的气味和颜色。现在读许多新书，没有这种感觉了——没有特别让人留恋的东西了。而过去阅读中的新奇感，是倚仗自己的年轻、敏感的捕捉力，还是其他，已经不得而知。后来又找《复活》读，仍然有那样新奇的发现。结果我每年读一二次，让它的力量左右我一下，以防精神的不测。

我发现真正了不起的书，它们总有一些共同特点。一般来说，它们在精神上非常自尊，没有那么廉价。与现在的大多数书不同的是，它们没有廉价的情感，没有廉价的故事。所以有时它们并不好读，故事也嫌简单。大多数时候，它们的故事既不玄妙也不离奇，有时甚至是"微不足道"的。就是说，用现代人的眼光来看，它净写了一些"无所谓"的事情。正因为现代人胆子大极了，什么都不怕，什么都不畏惧，所以现代人才没有什么希望。

我们当代有多少人会因为名著中的那种种事件，负疚忏悔到那个地步呢？看看《复活》的主人公，看看他为什么痛不欲生吧。原来伟大灵魂的痛苦，他不能原谅自己的方面，正是我们现代人以为的"小事情"、微不足道的事情。

我们现代人不能引起警觉和震惊的那一部分，伟大的灵魂却往往会感到震悚。这就是他们与我们的区别。

读一些老书，我们常常会想：他们这些书中人物，怎么会为这么小的事件、这一类问题去痛苦呢？这值得吗？也恰恰在这声声疑问之间，灵魂的差距就出来了。我们今天已经没有深刻忏悔的能力，精神的世界一天天堕落，越滑越远。现在的书比起过去，一个普遍的情形是精神上没有高度了，也没有要求了。没有要求的书，往往是不能传之久远的书，也成不了我们所说的"老书"。

作家是一个非常高的指标，像军事家、思想

家、哲学家等一样。他要达到那种指标，是有相当难度的。作家不是一般的有个性，不是一般的有魅力，不是一般的语言造诣，相对于自己的时代而言，他们也不该是一般的有见解。有时候他们跟时代的距离非常近，有时候又非常遥远——他们简直不是这个时代里的人，但又在这个时代里行走。他们好像是不知从何而来的使者，尽管满身都挂带着这个星球的尘埃。这就是作家。

　　他们在梦想和幻想中、在智慧的陶醉中所获得的那种快感，跟世俗之乐差距巨大。显而易见的是，真正意义上的作家不会太多。所以这才让我们一生追求不已。阅读是一种追求，是对作家和思想的追求、对个性的追求。正因为这种种追求常常落空，我们才去读老书——老书保险一些。

　　当然，这仅仅是谈了问题的一个方面。还须同时指出的是，这样讲并不是让大家排斥当代作品。这儿仅仅是说：因为时间的关系，鉴别当代的思想与艺术是困难的。当你有一天非常自信地找到了自己喜爱的当代作家，那么你就是幸运的，你该一直读下去。

　　再了不起的老书，再了不起的古代作家、外国作家，也取代不了当代的思想，取代不了当代的智慧。

易中天　1947年生于湖南长沙。当代著名学者、作家。先后任武汉大学、厦门大学教授，曾任中央电视台《百家讲坛》主讲人。从事文学、艺术、美学、心理学、人类学、历史学等研究。著有《〈文心雕龙〉美学思想论稿》《艺术人类学》《易中天中华史》《品三国》等作品，有《易中天文集》。

读书如择偶

易中天

　　有句老话，叫"男怕选错行，女怕选错郎"。

　　当然，这是从前。现在不怕了。选错行可以改行，选错郎也可以离婚么！不过，改行毕竟费事，离婚也很麻烦。能不改不离，最好。

　　读书也一样。

　　读书当然不等于娶妻嫁人，非得"从一而终"，一辈子厮守不可。换一种书或一类书来读，也不像离婚改行那么困难，更没有什么道德问题。但这决不等于说读什么书是无所谓的。书的意义，有时比配偶还重要。因为一个人一旦养成了读书的习惯，往往就终身爱读甚至只读某一类书。这些书会影响他一辈子，甚至决定他走什么样的道路，有什么样的思想，等等。

即便书不等于偶，至少也近于友吧？读什么书，也就是交什么人。古人云："不知其人而视其友"。依我看，也无妨说"不知其人而视其书"。如果架上多为有思想有品位有分量的著作，自然"谈笑有鸿儒，往来无白丁"。相反，如果终日里尽读些不三不四的玩意，则其人也难免会有些不三不四。不是说他人品一定不好，至少其品位就很可疑。

人总是愿意有些品位的。提高修养和品位，也是不少人读书的目的和动机之一。

这就要有所选择。

选择也不易。谁来选，怎么选，都是问题。

那么，自己来选又如何？也很困难。一个人，如果从来就没读过书的，他怎么知道该挑哪类书、哪种书、哪本书？要想学会选择，而且选得不离谱，除非他读过很多。

　　其实答案也就在这里：要学会选书，必先多读书。观千剑而后识器。判断力和鉴赏力都是从实践中产生出来的，读书也不例外。因此，初读书时，最好什么书都读，就像结婚之前先广交朋友，然后再从容选择一样。不要才见了一个，便忙不迭地"定了终身"。树木后面是森林。一叶障目尚且不可，如果那"叶"还是败叶，岂不更糟？

　　书读得多了，就有了选择。这倒不是说从此就只读一种书或一类书了。周国平先生说："读书犹如交友，再情投意合的朋友，在一块耽得太久也会腻味的"（《人与书之间》）。其实岂止是会腻味，只怕还会造成思想的偏颇和心胸的狭窄，大非所宜。所谓"有了选择"，只不过是有了品位；所谓"有了品位"，也不是说从此只读"雅"的，不读"俗"的，而是说有了判断力和鉴赏力，知道好歹了。好歹和通常所谓雅俗不一回事。自命风雅者，往往其实是"恶俗"；向为专家学者流不屑一顾的"俗物"，却没准反倒"大雅"。是雅是俗，全看你有没有品位。没有品位，便是《浮士德》或《红楼梦》，也能让他讲得俗不可耐。

品位只能来自阅读的经验。读得多了，自然也就知道好歹。这就要博览群书。而且那"博览群书"的"博"，还不仅是数量的"多"，更是品种的"杂"。朱光潜先生说："你玩索的作品愈多，种类愈复杂，风格愈纷歧，你的比较资料愈丰富，透视愈正确，你的鉴别力也就愈可靠"（《文学的趣味》）。所以，终身只读一种书或一类书是不妥的（哪怕这些书确实品位高雅）。它虽然能造成品位的纯正，却也难免趣味的偏狭。

倘若无此可能，恐怕也只好挑那公认的经典名著来读。读经典名著，虽然没准会读成个"书呆子"，却肯定不会读成个"二皮脸"。此外，年轻人多读点古书，老年人多读点新书，也是办法之一。

或许有人要问，如果我读了一辈子书，觉得读什么都好，并没有什么"最"喜欢或"最"合适的，又将如之何呢？当真这样，我就要说，你作了最好的选择。你想，一个人，一生中时时有爱情，处处有朋友，岂非幸福？

鲁　迅（1881—1936）　原名周树人，字豫才，浙江绍兴人。中国现代著名文学家、思想家，五四新文化运动的重要参与者。在文学创作、文学批评、思想研究、文学史研究、翻译、美术理论引进、基础科学介绍和古籍校勘研究等多个领域具有重大贡献，对于五四运动以后社会思想文化发展具有重大影响，蜚声世界文坛。代表作有：《呐喊》《彷徨》《野草》《朝花夕拾》等，有多个版本的《鲁迅全集》行世。

读书杂谈

鲁　迅

　　说到读书，似乎是很明白的事，只要拿书来读就是了，但是并不这样简单。至少，就有两种：一是职业的读书，一是嗜好的读书。所谓职业的读书者，譬如学生因为升学，教员因为要讲功课，不翻翻书，就有些危险的就是。我自己也这样，因为做教员，有时即非看不喜欢看的书不可，要不这样，怕不久便会于饭碗有妨。我们习惯了，一说起读书，就觉得是高尚的事情，其实这样的读书，和木匠的磨斧头，裁缝的理针线并没有什么分别，并不见得高尚，有时还很苦痛，很可怜。你爱做的事，偏不给你做，你不爱做的，倒非做不可。这是由于职业和嗜好不能合一而来的。倘能够大家去做爱做的事，而仍然各有饭吃，那是多么幸福。但现在的社会上还做不到，所以读书的人们的最大部分，大概是勉勉强强的，带着苦痛的为职业的读书。

嗜好的读书是出于自愿，全不勉强，离开了利害关系的。我的意思并非说诸君应该都退了学，去看自己喜欢看的书去，这样的时候还没有到来；也许终于不会到，至多，将来可以设法使人们对于非做不可的事发生较多的兴味罢了。我现在是说，爱看书的青年，大可以看看本分以外的书，即课外的书，不要只将课内的书抱住。但请不要误解，我并非说，譬如在国文讲堂上，应该在抽屉里暗看《红楼梦》之类；乃是说，应做的功课已完而有余暇，大可以看看各样的书，即使和本业毫不相干的，也要泛览。譬如学理科的，偏看看文学书，学文学的，偏看看科学书，看看别个在那里研究的，究竟是怎么一回事。这样子，对于别人，别事，可以有更深的了解。现在中国有一个大毛病，就是人们大概以为自己所学的一门是最好，最妙，最要紧的学问，而别的都无用，都不足道的，弄这些不足道的东西的人，将来该当饿死。其实是，世界还没有如此简单，学问都各有用处，要定什么是头等还很难。也幸而有各式各样的人，假如世界上全是文学家，到处所讲的不是"文学的分类"便是"诗之构造"，那倒反而无聊得很了。

嗜好的读书，就如游公园似的，随随便便去，因为随随便便，所以不吃力，因为不吃力，所以会觉得有趣。如果一本书拿到手，就满心想道，"我在读书了！""我在用功了！"那就容易疲劳，因而减掉兴味，或者变成苦事了。

听说英国的萧伯纳，有过这样意思的话：世间最不行的是读书者。因为他只能看别人的思想艺术，不用自己。这也就是叔本华之所谓脑子里给别人跑马。较好的是思索者。因为能用自己的生活力了，但还不免是空想，所以更好的是观察者，他用自己的眼睛去读世间这一部活书。

这是的确的，实地经验总比看，听，空想确凿。我先前吃过干荔枝，罐头荔枝，陈年荔枝，并且由这些推想过新鲜的好荔枝。这回吃过了，和我所猜想的不同，非到广东来吃就永不会知道。但我对于萧的所说，还要加一点骑墙的议论。萧是爱尔兰人，立论也不免有些偏激的。我以为假如从广东乡下找一个没有历练的人，叫他从上海到北京或者什么地方，然后问他观察所得，我恐怕是很有限的，因为他没有练习过观察力。所以要观察，还是先要经过思索和读书。

总之，我的意思是很简单的：我们自动的读书，即嗜好的读书，请教别人是大抵无用，只好先行泛览，然后决择而入于自己所爱的较专的一门或几门；但专读书也有弊病，所以必须和现实社会接触，使所读的书活起来。

胡 适（1891—1962） 字适之，安徽绩溪人。著名思想家、文学家、哲学家。曾任北京大学教授、校长，国民政府驻美大使，台湾"中研院"院长。以倡导白话文、领导新文化运动闻名于世，学术活动主要在文学、哲学、史学、考据学、教育学、红学等领域，著作有《中国哲学史大纲》《尝试集》《白话文学史》《胡适文存》等，有《胡适全集》行世。

读　书

胡　适

　　"读书"这个题，似乎很平常，也很容易。然而我却觉得这个题目很不好讲。据我所知，"读书"可以有三种说法：

　　一、要读何书。关于这个问题，《京报副刊》上已经登了许多时候的"青年必读书"；但是这个问题，殊不易解决，因为个人的见解不同，个性不同。各人所选只能代表各人的嗜好，没有多大的标准作用。所以我不讲这一类的问题。

　　二、读书的功用。从前有人作"读书乐"，说什么"书中自有千钟粟，书中自有黄金屋，书中自有颜如玉"，现在我们不说这些话了。要说，读书是求智识，智识就是权力。这些话都是大家会说的，所以我也不必讲。

三、读书的方法。我今天是要想根据个人经验，同诸位谈谈读书的方法。我的第一句话是很平常的，就是说，读书有两个要素：第一要精，第二要博。

现在先说什么叫"精"。

我们小的时候读书，差不多每个小孩都有一条书签，上面写十个字，这十个字最普遍的就是"读书三到：眼到，口到，心到"。现在这种书签虽不用，三到的读书法却依然存在。不过我以为读书三到是不够的，须有四到，是"眼到，口到，心到，手到"。我就拿它来说一说。

眼到是要个个字认得，不可随便放过。这句话起初看去似乎很容易，其实很不容易。读中国书时，每个字的一笔一画都不放过，近人费许多功夫在校勘学上，都因古人忽略一笔一画而已。读外国书要把 ABCD 等字母弄得清清楚楚。所以说这是很难的。如有人翻译英文，把 port 看做 pork，把 oats 看做 oaks，于是葡萄酒一变而为猪肉，小草变成了大树。说起来这种例子很多，这都是眼睛不精细的结果。书是文字做成的，不肯仔细认字，就不必读书。眼到对于读书的关系很大，一时眼不到，贻害很大，并且眼到能养成好习惯，养成不苟且的人格。

口到是一句一句要念出来。前人说口到是要念到烂熟背得出来。我们现在虽不提倡背书，但有几类的书，仍旧有熟读的必要：如心爱的诗歌，如精彩的文章，熟读多些，于自己的作品上也有良好的影响。读此外的书，虽不须念熟，也要一句一句念出来，中国书如此，外国书更要如此，念书的功用能使我们格外明了每一句的构造，句中各部分的关系。往往一遍念不通，要念两遍以上，方才能明白的。读好的小说尚且要如此，何况读关于思想学问的书呢？

心到是每章每句每字意义如何？何以如是？这

样用心考究。但是用心不是叫人枯坐冥想，是要靠外面的设备及思想的方法的帮助。要做到这一点，须要有几个条件：

一、字典，辞典，参考书等工具要完备。这几样工具虽不能办到，也当到图书馆去看。我个人的意见是奉劝大家，当衣服，卖田地，至少要置备一点好的工具。比如买一本《韦氏大字典》，胜于请几个先生。这种先生终生跟着你，终生享受不尽。

二、要作文法上的分析。用文法的知识，作文法上的分析，要懂得文法构造，方才懂得它的意义。

三、有时要比较参考，有时要融会贯通，方能了解。不可但看字面。一个字往往有许多意义，读者容易上当。

例如 turn 这字：

作外动字解有十五解，

作内动字解有十三解，

作名词解有二十六解，

共五十四解，而成语不算。

又如 strike：

作外动字解有三十一解，

作内动字解有十六解，

作名词解有十八解，

共六十五解。

又如 go 字最容易了，然而这个字：

作内动字解有二十二解，

作外动字解有三解，

作名词解有九解，

共三十四解。

以上是英文字须要加以考究的例子。英文字典是完备的；但是某一字在某一句究竟用第几个意义呢？这就非比较上下文，或贯串全篇，不能懂了。

中文较英文更难，现在举几个例：

祭文中第一句"维某年月日"之"维"字，究作何解？字典上说它是虚字。《诗经》里"维"字有二百多，必须细细比较研究，然后知道这个字有种种意义。

又《诗经》之"于"字，"之子于归""凤凰于飞"等句，"于"字究作何解？非仔细考究是不懂的。又"言"字人人知道，但在《诗经》中就发生问题，必须比较，然后知"言"字为联接字。诸如此例甚多，中国古书很难读，古字典又不适用，非是用比较归纳的研究方法，我们如何懂得呢？

总之，读书要会疑，忽略过去，不会有问题，便没有进益。

宋儒张载说："读书先要会疑。于不疑处有疑，方是进矣。"他又说："在可疑而不疑者，不曾学。学则须疑。"又说："学贵心悟，守旧无功。"

宋儒程颐说："学原于思。"

这样看起来，读书要求心到；不要怕疑难，只怕没有疑难。工具要完备，思想要精密，就不怕疑难了。

现在要说手到。手到就是要劳动劳动你的贵手。读书单靠眼到、口到、心到，还不够的；必须还得自己动动手，才有所得。例如：

（1）标点分段，是要动手的。

（2）翻查字典及参考书，是要动手的。

（3）作读书札记，是要动手的。札记又可分四类：

a.抄录备忘。

b.作提要，节要。

c.自己记录心得。张载说："心中苟有所开，即便札记，不则还塞之矣。"

d.参考诸书，融会贯通，作有系统的著作。

手到的功用。我常说：发表是吸收知识和思想的绝妙方法。吸收进来的知识思想，无论是看书来的，或是听讲来的，都只是模糊零碎，都算不得我们自己的东西。自己必须做一番手脚，或作提要，或作说明，或作讨论，自己重新组织过、申述过、用自己的语言记述过，那种知识思想方才可算是你自己的了。

我可以举一个例。你也会说"进化"，他也会谈"进化"，但你对于"进化"这个观念的见解未必是很正确的，未必是很清楚的；也许只是一种"道听途说"，也许只是一种时髦的口号。这种知识算不得知识，更算不得是"你的"知识。假使你听了我这句话，不服气，今晚回去就去遍翻各种书籍，仔细研究进化论的科学上的根据；假使你翻了几天书之后，发愤动手，把你研究所得写成一篇读书札记；假使你真动手写了这么一篇"我为什么相信进化论？"的札记，列举了：

一、生物学上的证据；

二、比较解剖学上的证据；

三、比较胚胎学上的证据；

四、地质学和古生物学上的证据；

五、考古学上的证据；

六、社会学和人类学上的证据。

到这个时候，你所有关于"进化论"的知识，经过了一番组织安排，经过了自己的去取叙述，这时候这些知识方才可算是你自己的了。所以我

说，发表是吸收的利器；又可以说，手到是心到的
法门。

至于动手标点，动手翻字典，动手查书，都是
极要紧的读书秘诀，诸位千万不要轻轻放过。其中
自己动手翻书一项尤为要紧。我记得前几年我曾劝
顾颉刚先生标点姚际恒的《古今伪书考》。当初我
知道他的生活困难，希望他标点一部书付印，卖几
个钱。那部书是很薄的一本，我以为他一两个星期
就可以标点完了。哪知顾先生一去半年，还不曾交
卷。原来他于每条引的书，都去翻查原书，仔细校
对，注明出处，注明原书卷第，注明删节之处。他
动手半年之后，来对我说，《古今伪书考》不必付
印了，他现在要编辑一部疑古的丛书，叫做"辨伪
丛刊"。我很赞成他这个计划，让他去动手。他动
手了一两年之后，更进步了，又超过那"辨伪丛
刊"的计划了，他要自己创作了。他前年以来，对
于中国古史，做了许多辨伪的文字；他眼前的成绩
早已超过崔述了，更不要说姚际恒了。顾先生将来

在中国史学界的贡献一定不可限量，但我们要知道他成功的最大原因是他的手到的工夫勤而且精。我们可以说，没有动手不勤快而能读书的，没有手不到而能成学者的。

第二要讲什么叫"博"。

什么书都要读，就是博。古人说，"开卷有益"，我也主张这个意思，所以说读书第一要精，第二要博。我们主张"博"有两个意思：

第一，为预备参考资料计，不可不博。

第二，为做一个有用的人计，不可不博。

第一，为预备参考资料计。

在座的人，大多数是戴眼镜的。诸位为什么要戴眼镜？岂不是因为戴了眼镜，从前看不见的，现在看得见了；从前很小的，现在看得很大了；从前看不分明的，现在看得清楚分明了？王荆公说得最好：

> 世之不见全经久矣。读经而已，则不足以知经。故某自百家诸子之书，至于《难经》

《素问》《本草》诸小说，无所不读；农夫女工，无所不问；然后于经为能知其大体而无疑。盖后世学者与先王之时异矣；不如是，不足以尽圣人故也。……致其知而后读，以有所去取，故异学不能乱也。惟其不能乱，故能有所取者，所以明吾道而已。（《答曾子固》）

他说："致其知而后读"，又说："读经而已，则不足以知经。"即如《墨子》一书在一百年前，清朝的学者懂得此书还不多。到了近来，有人知道光学、几何学、力学、工程学等，一看《墨子》，才知道其中有许多部分是必须用这些科学的知识方才能懂的。后来有人知道了伦理学、心理学等，懂得《墨子》更多了。读别种书愈多，《墨子》愈懂得多。

所以我们也说，"读一书而已，则不足以知一书"。多读书，然后可以专读一书。譬如读《诗经》，你若先读了北大出版的《歌谣周刊》，便觉得《诗经》好懂得多了；你若先读过社会学、人类学，你懂更多了；你若先读过文字学、古音韵学，你懂得更多了；你若读过考古学、比较宗教学等，你懂得的更多了。

你要想读佛家唯识宗的书吗？最好多读点伦理学、心理学、比较宗教学、变态心理学。无论读什么书总要多配几副好眼镜。

你们记得达尔文研究生物进化的故事吗？达尔文研究生物演变的现状，前后凡三十多年，积了无数材料，想不出一个简单贯串的说明。有一天他无意中读马尔萨斯的人口论，忽然大悟生存竞争的原则，于是得着物竞天择的道理，遂成一部破天荒的名著，给后世思想界打开一个新纪元。

所以要博学者，只是要加添参考的材料，要使我们读书时容易得"暗示"；遇着疑难时，东一个暗示，西一个暗示，就不至于呆读死书了。这叫做"致其知而后读"。

第二，为做人计。

专工一技一艺的人，只知一样，除此之外，一无所知。这一类的人，影响于社会很少。好有一比，比一根旗杆，只是一根孤拐，孤单可怜。

又有些人广泛博览，而一无所专长，虽可以到处受一班贱人的欢迎，其实也是一种废物。这一类人，也好有一比，比一张很大的薄纸，禁不起风吹雨打。

在社会上，这两种人都是没有什么大影响，为个人计，也很少乐趣。

理想中的学者，既能博大，又能精深。精深的方面，是他的专门学问。博大的方面，是他的旁搜博览。博大要几乎无所不知，精深要几乎唯他独尊，无人能及。他用他的专门学问做中心，次及于直接相关的各种学问，次及于间接相关的各种学问，次及于不很相关的各种学问，以次及毫不相关的各种泛览。这样的学者，也有一比，比埃及的金字三角塔。那金字塔高四百八十英尺，底边各边长七百六十四英尺。塔的最高度代表最精深的专门学问；从此点依次递减，代表那旁搜博览的各种相关或不相关的学问。塔底的面积代表博大的范围，精深的造诣，博大的同情心。这样的人，对社会是极有用的人才，对自己也能充分享受人生的趣味。宋儒程颢说的好：

> 须是大其心使开阔：譬如为九层之台，须大做脚始得。

博学正所以"大其心使开阔"，我曾把这番意思编成两句粗浅的口号，现在拿出来贡献给诸位朋友，作为读书的目标：

> 为学要如金字塔，
>
> 要能广大要能高。

冯友兰（1895—1990） 字芝生，河南南阳人。中国现当代著名哲学家、教育家。他的著作《中国哲学史》《中国哲学简史》《中国哲学史新编》《贞元六书》等已成为20世纪中国学术的重要经典，对中国现当代学界乃至国外学界影响深远，被誉为"现代新儒家"。

我的读书经验

冯友兰

我今年八十七岁了，从七岁上学起就读书，一直读了八十年，其间基本上没有间断，不能说对于读书没有一点经验。我所读的书，大概都是文、史、哲方面的，特别是哲。我的经验总结起来有四点：（1）精其选。（2）解其言。（3）知其意。（4）明其理。

先说第一点。古今中外，积累起来的书真是多极了，真是浩如烟海，但是，书虽多，有永久价值的还是少数。可以把书分为三类，第一类是要精读的，第二类是可以泛读的，第三类是仅供翻阅的。所谓精读，是说要认真地读，扎扎实实地一个字一

个字地读。所谓泛读，是说可以粗枝大叶地读，只
要知道它大概说的是什么就行了。所谓翻阅，是
说不要一个字一个字地读，不要一句话一句话地
读，也不要一页一页地读。就像看报纸一样，随手
一翻，看看大字标题，觉得有兴趣的地方就大略看
看，没有兴趣的地方就随手翻过。听说在中国初有
报纸的时候，有些人捧着报纸，就像念五经四书一
样，一字一字地高声朗诵。照这个办法，一天的报
纸，念一天也念不完。大多数的书，其实就像报纸
上的新闻一样，有些可能轰动一时，但是昙花一
现，不久就过去了。所以，书虽多，真正值得精读
的并不多。下面所说的就指值得精读的书而言。

怎样知道哪些书是值得精读的呢？对于这个问
题不必发愁。自古以来，已经有一位最公正的评选
家，有许多推荐者向它推荐好书。这个选家就是时
间，这些推荐者就是群众。历来的群众，把他们认
为有价值的书，推荐给时间。时间照着他们的推
荐，对于那些没有永久价值的书都刷下去了，把那

些有永久价值的书流传下来。现在我们所称谓"经典著作"或"古典著作"的书都是经过时间考验，流传下来的。这一类的书都是应该精读的书。当然随着时间的推移和历史的发展，这些书之中还要有些被刷下去。不过直到现在为止，它们都是榜上有名的，我们只能看现在的榜。

我们心里先有了这个数，就可随着自己的专业选定一些须要精读的书。这就是要一本一本地读，所以在一个时间内只能读一本书，一本书读完了才能读第二本。在读的时候，先要解其言。这就是说，首先要懂得它的文字；它的文字就是它的语言。我所说的解其言，就是要攻破这一道语言文字关。当然要攻这道关的时候，要先作许多准备，用许多工具，如字典和词典等工具书之类。这是当然的事，这里就不多谈了。

中国有句老话说是"书不尽言，言不尽意"，意思是说，一部书上所写的总要比写那部书的人话少，他所说的话总比他的意思少。因为语言总离不了概念，概念对于具体事物来说，总不会完全合适，不过是一个大概轮廓而已。比如一个人说，他牙痛。牙是一个概念，痛是一个概念，牙痛又是一个概念。其实他不仅止于牙痛而已。那个痛，有一种特别的痛法，有一定的大小范围，有一定的深度。这都是很复杂的情况，不是仅仅牙痛两个字所能说清楚的，无论怎样啰嗦他也说不出来的，言不尽意的困难就在于此。所以在读书的时候，即使书中的字都认得了，话全懂了，还未必能知道作书的人的意思。从前人说，读书要注意字里行间，又说读诗要得其"弦外音，味外味"，这都是说要在文字以外体会它的精神实质。这就是知其意。语言文字是帮助了解书的意思的拐棍。既然知道了那个意思以后，最好扔了拐棍。这就是古人所说的"得意忘言"。在人与人的关系中，过河拆桥是不道德的事。但是，在读书中，就是要过河拆桥。

　　上面所说的"书不尽言，言不尽意"之下，还可再加一句"意不尽理"。理是客观的道理，意是著书的人的主观的认识和判断，也就是客观的道理在他的主观上的反映。理和意既然有主观客观之分，意和理就不能完全相合。人总是人，不是全知全能。他的主观上的反映、体会和判断，和客观的道理总要有一定的差距，有或大或小的错误。所以读书仅至得其意还不行，还要明其理，才不至于为前人的意所误。如果明其理了，我就有我自己的意。我的意当然也是主观的，也可能不完全合乎客观的理。但我可以把我的意和前人的意互相比较，互相补充，互相纠正。这就可能有一个比较正确的意。这个意是我的，我就可以用它处理事务，解决问题。好像我用我自己的腿走路，只要我心里一想走，腿就自然而然地走了。读书到这个程度就算是能活学活用，把书读活了。会读书的人能把死书读活，不会读书的人能把活书读死。把死书读活，就能把书为我所用；把活书读死，就是把我为书所用。能够用书而不为书所用，读书就算读到家了。

从前有人说过："六经注我，我注六经。"自己明白了那些客观的道理，自己有了意，把前人的意作为参考，这就是"六经注我"。不明白那些客观的道理，甚而至于没有得古人所有的意，而只在语言文字上推敲，那就是"我注六经"。只有达到"六经注我"的程度，才能真正地"我注六经"。

老　舍（1899—1966）　原名舒庆春，字舍予，北京人。中国现当代杰出的文学家、戏剧家、人民艺术家，新中国第一位获得"人民艺术家"称号的作家。代表作有《骆驼祥子》《四世同堂》《茶馆》《老张的哲学》《二马》《正红旗下》等，有《老舍全集》行世。

我的读书方法

老　舍

　　怎样读书，在这里，是个自决的问题；我说我的，没勉强谁跟我学。

　　第一，我读书没系统。借着什么，买着什么，遇着什么，就读什么。不懂的放下，使我糊涂的放下，没趣味的放下，不客气。我不能叫书管着我。

　　第二，读得很快，而不记住，书要都叫我记住，还要书干吗？书应该记住自己。对我，最讨厌的发问是："那个典故是哪儿的呢？""那句话是怎么来着？"我永不回答这样的考问，即使我记得。我又不是印刷机器养的，管你这一套！读得快，因为我有时候跳过几页去。不合我的意，我就练习跳远。书要是不服气的话，来跳我呀！看侦探小说的时候，我先看最后的几页，省事。

第三，读完一本书，没有批评，谁也不告诉。一告诉就糟："嘿，你读《啼笑因缘》？"要大家都不读《啼笑因缘》，人家写它干吗呢？一批评就糟："尊家这点意见？"我不惹气。读完一本书再打通儿架，不上算。我有我的爱与不爱，存在我自己心里。我爱念什么就念，有什么心得我自己知道，这是种享受，虽然显得自私一点。

再说呢，我读书似乎只要求一点灵感。"印象甚佳"便是好书，我没工夫去细细分析它，所以根本便不能批评。"印象甚佳"有时候并不是全书的，而是书中的一段最入我的味，因为这一段使我对这全书有了好感。其实这一段的美或者正足以破坏了全体的美，但是我不去管；有一段叫我喜欢两天的，我就感谢不尽。因此，设若我真去批评，大概是高明不了。

第四，我不读自己的书，不愿谈论自己的书。

"儿子是自己的好",我有个小女儿,女儿能不能代表儿子,就不得而知。"老婆是别人的好",我也不敢加以拥护,特别是在家里。但是我准知道,书是别人的好。别人的书自然未必都好,可是至少给我一点我不知道的东西。自己的,一提都头疼!自己的书和自己的运气,好像永远是一对儿累赘。

第五,哼,算了吧。

邓　拓（1912—1966）福建闽侯人。政论家、历史学家、诗人、杂文家、书画收藏家。曾任《人民日报》社社长兼总编辑。著有《中国救荒史》《论中国历史的几个问题》《燕山夜话》《三家村札记》等，有《邓拓诗文选》《邓拓文集》。

读书二法

邓　拓

不要秘诀的秘诀

以前在书店里常常可以看见有所谓《读书秘诀》《作文秘诀》之类的小册子，内容毫无价值，目的只是骗人。但是，有些读者贪图省力，不肯下苦工夫，一见有这些秘诀，满心欢喜，结果就不免上当。现在这类秘诀大概已经无人问津了吧！然而，我觉得还有人仍然抱着找秘诀的心情，而不肯立志用功。因此，向他们敲一下警钟还是必要的。历来真正做学问有成就的学者，都不懂得什么秘诀，你即便问他，他实在也说不出。明代的学者吴梦祥自己定了一份学规，上面写道："古人读书，皆须专心致志，不出门户。如此痛下工夫，庶可立些根本，可以向上。或作或辍，一暴十寒，则虽读书百年，吾未见其可也。"

看来这个学规中，除了"不出门户"的关门读书的态度不值得提倡以外，一般都是很好的见解。事实的确是这样。不管你学习和研究什么东西，只要专心致志，痛下工夫，坚持不断地努力，就一定会有收获。最怕的是不能坚持学习和研究，抓一阵子又放松了，这就是"或作或辍，一暴十寒"的状态，必须注意克服。吴梦祥的这个学规对我们今天仍然有一些用处。

这种学规早在宋代就十分流行，特别是朱熹等理学家总喜欢搞这一套。但是其中也有的不是学规，而是一些经验谈。如陈善的《扪虱新话》一书写道：

"读书须知出入法。始当求所以入，终当求所以出。见得亲切，此是入书法，用得透脱，此是出书法。盖不能入得书，则不知古人用心处；不能出得书，则又死在言下。惟知出知入，得尽读书之法也。"

用现在的眼光读这一段文字，也许觉得他的见解很平常。然而，我们要知道，陈善是南宋淳熙年间，即公元十二世纪后半期的人。在那个时候他就能够提出这样鲜明的主张，也算是难能可贵的了。他主张要读活书而不要读死书，就是说要知入知出；要体会古人著作的精神和实质而不要死背一些字句，就是说要体会古人用心处而不可死在言下。不但这样，他还反对为读书而读书的倾向。他主张读书要求实际运用，并且要用得灵活，即所谓"透脱"。你看他的这些主张，难道不是一种反教条主义的主张吗？他的这个主张，过去很少有人注意，因为他的声名远不如朱熹等人，但是他根据自己读书的经验而提出了这种主张，我想这还是值得推荐的。

宋儒理学的代表人物中，如陆九渊的读书经验也有可取之处。《陆象山语录》有一则写道：

"如今读书且平平读，未晓处且放过，不必太滞。"接着，他又举出下面的一首诗：

"读书切戒在慌忙，涵泳工夫兴味长；未晓不妨权放过，切身须要急思量。"

这就是所谓"读书不求甚解"的意思。本来说不求甚解也并非真的不要求把书读懂，而是主张对于难懂的地方先放它过去，不要死扣住不放。也许看完上下文之后，对于难懂的部分也就懂得了；如果仍然不懂，只好等日后再求解释。这个意思对于我们现在的青年读者似乎特别有用。

至于我们现在提倡读书要用批判的眼光，要取其精华，去其糟粕，这个主张古代的读书人却没有胆量提出。古代只有一个没有机会读书的木匠，曾经有过类似这种思想的萌芽。这个人就是齐国的轮扁。据《庄子·天道篇》记载："桓公读书于堂上，轮扁斫轮于堂下，释椎凿而上，问桓公曰：敢问公之所读何言耶？公曰：圣人之言也。曰：圣人在乎？
公曰：已死矣。曰：然则君之所读者，古人之糟粕
已夫！"接着，轮扁还介绍了他自己进行生产劳动
的经验。他的话虽然不免有很大的片面性，他不该
把一切所谓"圣人"之言全部否定了；但是，他反
对读古人的糟粕，强调要从生产劳动中去体会，这
一点却有独到的见地。

我们现在读书的态度和方法，从根本上说，也
不过如此。而这些又算得是什么秘诀呢？！如果一
定要说秘诀，那末，不要秘诀也就是秘诀了。

不求甚解

一般人常常以为，对任何问题不求甚解都是不
好的。其实也不尽然。我们虽然不必提倡不求甚解
的态度，但是，盲目地反对不求甚解的态度同样没
有充分的理由。

不求甚解这句话最早是陶渊明说的。他在《五

柳先生传》这篇短文中写道："好读书，不求甚解；每有会意，便欣然忘食。"人们往往只抓住他说的前一句话，而丢了他说的后一句话，因此，就对陶渊明的读书态度很不满意，这是何苦来呢？他说的前后两句话紧紧相连，交互阐明，意思非常清楚。这是古人读书的正确态度，我们应该虚心学习，完全不应该对他滥加粗暴的不讲道理的非议。

应该承认，好读书这个习惯的养成是很重要的。如果根本不读书或者不喜欢读书，那末，无论说什么求甚解或不求甚解就都毫无意义了。因为不读书就不了解什么知识，不喜欢读也就不能用心去了解书中的道理。一定要好读书，这才有起码的发言权。真正把书读进去了，越读越有兴趣，自然就会慢慢了解书中的道理。一下子想完全读懂所有的书，特别是完全读懂重要的经典著作，那除了狂妄自大的人以外，谁也不敢这样自信。而读书的要诀，全在于会意。对于这一点，陶渊明尤其有独到的见解。所以，他每每遇到真正会意的时候，就高兴得连饭都忘记吃了。

这样说来，陶渊明主张读书要会意，而真正的会意又很不容易，所以只好说不求甚解了。可见这不求甚解四字的含义，有两层：一是表示虚心，目的在于劝戒学者不要骄傲自负，以为什么书一读就懂，实际上不一定真正体会得了书中的真意，还是老老实实承认自己只是不求甚解为好。二是说明读书的方法，不要固执一点，咬文嚼字，而要前后贯通，了解大意。这两层意思都很重要，值得我们好好体会。

列宁就曾经多次批评普列汉诺夫，说他自以为熟读马克思的著作，而实际上对马克思的著作却做了许多曲解。我们今天对于马克思列宁主义的经典著作，也应该抱虚心的态度，切不可以为都读得懂，其实不懂的地方还多得很哩！要想把经典著作读透，懂得其中的真理，并且正确地用来指导我们的工作，还必须不断努力学习。要学习得好，就不能死读，而必须活读，就是说，不能只记经典著作的一些字句，而必须理解经典著作的精神实质。

在这一方面，古人的确有许多成功的经验。诸葛亮就是这样读书的。据王粲的《英雄记钞》说，诸葛亮与徐庶、石广元、孟公威等人一道游学读书，"三人务于精熟，而亮独观其大略"。看来诸葛亮比徐庶等人确实要高明得多，因为观其大略的人，往往知识更广泛，了解问题更全面。

当然，这也不是说，读书可以马马虎虎，很不认真。绝对不应该这样。观其大略同样需要认真读书，只是不死抠一字一句，不因小失大，不为某一局部而放弃了整体。

宋代理学家陆象山的语录中说："读书且平平读，未晓处且放过，不必太滞。"这也是不因小失大的意思。所谓未晓处且放过，与不求甚解的提法很相似。放过是暂时的，最后仍然会了解它的意思。

经验证明，有许多书看一遍两遍还不懂得，读三遍四遍就懂得了；或者一本书读了前面有许多不懂的地方，读到后面才豁然贯通；有的书昨天看不懂，过些日子再看才懂得；也有的似乎已经看懂了，其实不大懂，后来有一些实际知识，才真正懂得它的意思。因此，重要的书必须常常反复阅读，每读一次都会觉得开卷有益。

顾颉刚（1893—1980） 江苏苏州人。著名历史学家、民俗学家，古史辨学派创始人，现代历史地理学和民俗学奠基人。曾任多所大学教授。新中国成立后，任中国科学院历史研究所研究员、中国民间文艺研究会副主席、民主促进会中央委员等职。著有《古史辨》《当今中国史学》等，有《顾颉刚全集》。

怎样读书

顾颉刚

一个普通人走进了图书馆，看见满屋满架的书，觉得眼睛都花了。这是因为他对世界上的知识没有一方面是有特殊的兴趣所致。研究学问的事固然不必尽人都参加，但是一方面的特殊兴趣是无论任何人所不可少的。譬如看报，有人喜欢看专电新闻，有人喜欢看小说文艺，也有人喜欢看商市行情。只要他能够有一件喜欢的，自然拿到了一份报纸就有办法。所以我们读书的第一件事，是要养成特殊方面的兴趣。

有人读书，只要随便翻翻，不高兴看的时候就抛开了。有种人读书，却要从第一个字看到末一个字才罢。其实这两种方法都有道理，不过永久用一种方法是不对的。因为我们可以看的书籍太多了，倘使无论哪一部书都要从第一个字看到末一个字，那么，人的生命有限，一生能够读得多少部书呢？但有几部书是研究某种学问的时候必须细读的，若只随便翻翻便不能了解那种学问的意义。所以读书的第二件事，是要分别书籍缓急轻重，知道哪几部书是必须细读的，哪几部书是只要翻翻的，哪几部书只要放在架上不必动，等到我们用得着它的时候才去查考的。要懂得这个法子，只有多看书目，研究一点目录学。

我们的读书，是要借了书本子上的记载寻出一条求知的路，并不是要请书本子来管束我们的思想。读书的时候要随处会疑。换句话说，就是读书的时候要随处会用自己的思想去批评它。我们只要敢于批评，就可分出它哪一句话是对的，哪一句话是错的，哪一句话是可以留待商量的。这些意思就可以写在书端上，或者写在笔记簿上。逢到什么疑惑的地方，就替它查一查。心中起什么问题，就自己研究一下。这样的不怕动手，肯写肯翻，便可以养成自己的创作力。几年之后，对于这一门学问自然有驾驭运用的才干了。所以我们读书的第三件事，是要运用自己的判断力。只要有了判断力，书本就是给我们使用的一种东西了。宋朝的陆象山说"'六经'皆我注脚"，就是这个意思。

再有两件事情，也是应当注意的。其一，不可以有成见。以前的人因为成见太深了，只把经史看作最大的学问；经史以外的东西都看作旁门小道。结果，不但各种学问都被抑遏而不得发达，并且由于各种学问都不发达，就是经史的本身也是不能研究得好。近来大家感到国弱民贫，又以为惟有政治经济之学和机械制造之学足以直接救国的才是有用之学，其余都是无关紧要的装饰品。这个见解也是错的。学问的范围何等样大，凡是世界上的事物都值得研究，就是我们人类再研究一万年也还是研究不尽。至于应用的范围却何等样小。昨天需要的东西，今天不要了，就丢了。今天需要的东西，明天不要了，也就丢了。若是为了应用的缘故，一意在应用上着力，把大范围忘了，等到时势一变，需要不同，我们岂不是空剩了两只手呢！我们不能一味拿有用无用的标准来判定学问的好坏；就是某种没有用的学问，只要我们有研究的兴趣，也是可以研究下去的。

其二，是应该多求常识。无论哪种学问，都不是独立的，与它关联的地方非常之多。我们要研究一种学问，一定要对别种学问有些常识，使得逢到关联的地方可以提出问题，请求这方面的专家解决，或者把这些材料送给这方面的专家。以前有人说过，我们研究学问，应当备两个镜子：一个是显微镜，一个是望远镜。显微镜是对自己专门研究的一科用的；望远镜是对其他各科用的。我们要对于自己研究的一科极尽精微，又要对于别人研究的各科略知一二。这并不是贪多务博，只因为一种学问是不能独立的缘故。

"学术饥荒"是现在流行的一个口语。我们现在固然因生计的困难，不得专心于学术，但工作的闲暇总是有的。我们只要肯做，只要有一点一点地积起来，便不怕做不成。我们既知道学术的现状是饥荒，正应该竭力救济才是，哪里可以任它饥荒呢。

刘堂江 1949年生于江西武宁。当代教育家、作家。曾任《人民教育》《中国教师报》总编辑，现任《未来教育家》杂志总编辑、中国教育记协副主席、中国教育学会副会长等职。出版有《杏坛红杏》《醉人的蟹香》《读书百法》《热血师魂》《毛泽东主席教育实践》《中华之光——王选传》《勤奋与成才》《青春漫笔》等。

作家谈读书：回忆、蔓延、鲸吞牛食

刘堂江

目前世界上对于读书方法的研究已经形成一门专门的学问——阅读学。要想读书有所收获，了解名人大家的读书方法是极有必要的。让我们看看巴金、夏丏尊、秦牧诸位先生如何读书。

（一）巴金：回忆法

"回忆法"是著名作家巴金的一种读书方法。

这是一种很奇特的读书方法，因为它是在没有书的情况下进行的。读书而无书，的确算得上天下一奇了。这到底是怎么回事？还是听听巴金本人的介绍吧！

巴金在《读书》杂志上撰文说："我第二次住院治疗，每天午睡不到一小时就下床坐在小沙发上，等候护士同志两点钟来量体温。我坐着，一动也不动，但并没有打瞌睡。我的脑子不肯休息，它在回忆我过去读过的一些书、一些作品，好像它想在我的记忆力完全衰退之前，保留下一点美好的东西。"

原来所谓回忆法，就是静坐在那里回忆曾经读过的书。这样做有许多好处：

一、不受条件限制，可以充分利用时间。巴金列举了两个例子。一个是苏联卫国战争期间，列宁格勒长期被德军包围的时候，有一名少女在日记中写着"某某夜，《安娜·卡列尼娜》"一类的句子。当时没有电，也没蜡烛，整个城市实行灯火管制，她不可能读书，而是黑暗中静坐回忆书中的情节。托尔斯泰的小说帮助她度过了那些恐怖的黑夜。另一个例子是巴金自己在十年动乱中的亲自经历。他说："'文革'期间要是造反派允许我写日记，允许我照自己的意思写日记，我的日记中一定写满了书名。人们会奇怪，我的书房给贴上了封条、加上锁，封闭了十年，我从哪里找到那些书阅读？他们忘了人的脑子里有一个大仓库，里面储存着别人拿不走的东西。"这两个事例说明，在一切不具备读书条件的情况下都可以"读书"。

二、温故而知新。通过回忆，将过去读过的书拿出来一点点地咀嚼，就像牛反刍一样，能进一步消化吸收。每回忆一次都会有新的理解，新的认识。

三、能够不断地从已读过的书中吸取精神力量。巴金说："我现在跟疾病做斗争，也从各种各样的作品中得到鼓励……即使在病中我没有精力阅读新的作品，过去精神财富的积累也够我这有限余生的消耗。一直到死，人都需要光和热。"

（二）夏丏尊：蔓延法

自然界有一种蔓草，只要有一棵扎根成活了，它就会向周围不断地扩展滋生，繁衍蔓延。

学人中有一种读书方法，与蔓草的生长发展颇为类似。请看看著名语言学家、教育家、作家夏丏尊先生的读书情形吧：

他总是以精读的文章（或书籍）为出发点，然后向四面八方蔓延，由精读一篇文章带读许多书，有效地拓宽自己的知识视野。例如夏先生读陶渊明的《桃花源记》，就是这样蔓延发展的：

《桃花源记》是晋朝人写的，要想知道这篇文章在晋朝文学中的地位以及晋朝文学的概况，就可以去翻翻中国文学史；文中的"桃花源"实际上表现了作者的一种乌托邦思想，这又可以找一本英国人莫尔写的《乌托邦》来对照着读；这篇文章属于记叙文一类，如若想弄清楚记叙文的格式，就可以去翻看有关记叙文写法的书；此外，如果想了解作者陶渊明其人其事，还可以去翻《晋书·陶潜传》。这样一来，读一篇文章就引出了一大串的书。

如果我们将夏先生这种读书方法概括为"蔓延法"，不能算太牵强吧！

大量的知识是相互关联的，将内容相关的书联系起来读，既便于加深理解，又可以拓宽知识面，因此，蔓延是一种科学的读书方法。

（三）秦牧：鲸吞牛食法

著名散文家秦牧的作品，以知识广博著称。在他的文章里，古今中外，天文地理，无不涉及，仿佛他的文章都是用知识的珍珠编织而成的，光彩夺目，令人叹为观止。人们在感叹之余，常常要提出一个问题：秦牧是怎样拥有如此丰富的知识的呢？

秦牧自己曾公开过这个秘密，他告诉人们，他的文章材料之所以比较丰富，主要得益于读书。他的读书方法叫作"鲸吞牛食"法。所谓"鲸吞"，指的是泛读。鲸可说是海中的动物之王，身体硕大无比，它以捕食鱼虾为生。它吃食时不是一条一条地吃，也不是一把一把地吃——那样是填不饱肚子的，它是边游动边张开山洞似的大口，让鱼虾进入它的口中，然后将嘴一闭，排出海水，吞下鱼虾，它这一口吃下去的鱼虾，往往一条小船都装不下。泛览读书时，也应像鲸吃食一样，张开大口，生吞活剥，尽可能多装一些进去。只有这样，获取的信息量才会大，积累的知识才能丰富。

所谓"牛食"，指的是精读。大家知道，牛白天在野外吃草，晚上回到圈里嘴巴还在一动一动地嚼，这叫作"反刍"。牛就是通过反刍，把吃下去的食料嚼烂细化作养分，为身体所吸收。读书也一样，如果只是一味地"鲸吞"，就会犯消化不良症，于身体无补。有的书，就应该像牛那样细细反刍，消化吸收。

有位研究治学的专家在评价秦牧的"鲸吞牛

食"法时说:"鲸吞与牛食需互相结合,调配得当。一味鲸吞者,会流于肤浅,一味牛食者,会造成寡闻。什么内容精读,什么内容泛读,与学习方向有关,要具体对待。"我非常赞同这种观点。

金克木（1912—2000）　字止默，安徽寿县人。著名文学家、翻译家、梵学家、印度文化研究专家。掌握英语、法语、德语、世界语、梵文、巴利文等多种语言文字。北京大学东语系教授。曾任中华全国世界语协会理事，中国世界语之友会会员，第三至七届全国政协委员，九三学社第五至七届常委、宣传部部长。著有《梵语文学史》《印度文化论集》《比较文化论集》等多部作品，有《金克木集》。

读　书

金克木

其　一

对于书籍的读法，大致可以分为两种：一是读"书"，一是读"人"。正像教书也可以分成教"书"和教"学"一样。读"书"是以我为主，我寻材料供我用，和查考辞书类书的目的一样；所以读的书，也无所谓好坏，凡可以供我利用的都要读。这正是写卡片抄材料的记问之学，学得好时，便是淹博。读"人"却不然：读一人的著作，想见其为人，于是尊之为师，敬之如友，研其思想，学其品行，择善而从，不善则改，所注意的是见解，所学习的是做人，不嫌狭隘，但求贯通。这样读书，结果也许只精读一部全集，但确可以受用终身。读"书"能博足以炫人，所失在浅；读"人"而精足以立己，所弊在陋。此外的读书，若不是当课本学技术，就只能算是消遣而已。

其　二

"学以致用"是句老话，"不要读死书"是句新话；但从学问的本身说来，无所谓有用无用；而从学的人这方面说来，只要真学就真有用，就是说，至少所学直接对己间接对人都有影响；所以，如果我们不把"用"的范围定得太偏狭，在学习的时候，我们就该事先注意这学习所应有的结果。这样便不能生吞活剥地读书，给人家当收音机；学的经过也就应当大致分做：学——思——行；打个比方说：吸收——消化——营养。

其　三

抽象地论读什么书，似乎无益，其实也很有帮助。读专书，专读书，都已近于老生常谈了，实际上奉行的人还是很少。读书人大半还是喜欢东抄西撮杂凑起来的书，只求便捷，不怕肤浅，又喜欢广博而不肯专精；这都是不能牢记着上两条原则的结果。还有一条原则也很重要，便是多读与自己意见不合的书。我们往往翻开一本书后，一看句句都是自己心中要说的话，于是非常痛快，佩服，很高兴地看下去，以为这是正对自己胃口的好书。结果却往往是一无所得，既有进步也很少；因为书中意见，自己既在读书之前便有，那么读了之后，自然也不过是更坚信或更丰富而已。惟有读与自己意见不合的书，可以使自己瞿然一惊，然后以敌人的态度去观察这本书的意见。结果若是自己被人折服，自然是自己原有的见解不对，从此便更进一步；若自己攻破了书中的理论，也就是自己受到了一次论敌的冲锋，无形中也加强了自己的力量。因此"正合吾意"的书愈多读，愈无进步，愈容易流入偏狭；远不如多读几部不合吾意的书。但这样读书也有两个先决条件：第一是要能批判地读书，有自己存在，不为书所囿；第二是有所为而读书，不要视同看看小说之类的消遣。

朱 伟 1952 年出生于上海。资深媒体人。曾在《中国青年》杂志社、《人民文学》杂志社工作过，任《三联生活周刊》主编多年，奠定其文化新闻风格。著有《考吃》《有关品质》《微读节气》等作品。

我倡导"坚硬阅读"

朱　伟

　　我做《三联生活周刊》的主编有十七年了，很多人问我的经营之道从何而来，要我说就是笨鸟先飞，就是比别人少睡一点觉，早起一点，我一般五点以前起床。然后多读一点书，多想一些问题。

　　说到所谓的管理学，我觉得现代管理学都把问题搞复杂了，就是它把许多问题都变成一些术的问题，不是道的问题。那从道的角度来讲，我觉得中国古人有很多东西，实际上是我们可以拿来所用的。比如我一直很信奉"敬事而信"，这个是《论语》的说法，就是说你对一个事情首先要敬重它，敬畏它，你手下的人自然就跟着你来走；第二个概

158

念也是《论语》里的，是"敬事而信"后面的一句话，叫"节用而爱人"，节用就是节省、节省所用。如果我们从使用人才的角度讲，就是人才首先不能过度使用，即不能把人才都用得枯竭了，不能后续。同样更重要的是爱人，你要爱他，不仅仅是简单地爱，更重要的是要理解他们，然后更多地去培植他们，培植他们的目的其实是更好地爱人。就是我能够来培植你，知道你这个人才怎么用，然后将这个人才的才用得人尽其才，我觉得这个概念也特别重要。

这样的两个概念合起来，你手下人会觉得你很喜欢他、很爱才的，然后因人所用，不把他用"枯竭"了，还不断地滋养他。古人说顺其自然，这个是最重要的，不能靠力量来左右人才。在我看来，一本《论语》就是一本很好的管理学的著作，因为《论语》当中的很多东西，是告诉你怎样去管理的。

接受了大量的西方文化后，我反而觉得中国传统文化中的一些精华被我们当作糟粕扔掉了，要重

新把它捡回来。五四以后现代人基本上都在批判老
祖宗的东西，觉得老祖宗的东西是"故纸堆"，很
多人现在还在批判。在丢掉老祖宗一百多年后，忽
然感觉老祖宗的许多理念并不比西方的差，甚至更
高明，这时候我们便被震撼了。

我收藏的最大的一套书就是《四部文明》，总
计有两百本。这套书之所以重要，是因为它把唐以
前的古籍重新做了梳理，对我国先秦至隋唐两千余
年间的历史文化进行了一次全面的、学术的、总结
性的大规模纂述。《四部文明》之"四部"因历史
时序，将中国历史前半期之文明成就以时代划分，
归并为《商周文明卷》《秦汉文明卷》《魏晋南北朝
文明卷》《隋唐文明卷》四部丛书，是为《四部文
明》。这么多书通读是不可能的，我基本上是把它
做工具书需要用的时候翻一翻。

为什么要在信息发达的现代社会坚持阅读？我
认为，首先是一个平衡。现在社会的节奏非常快，
虽然经典距我们非常久远，貌似陈旧，但是我们一

味追逐新的东西，没有那些"故纸堆"牵引，就会被创新得跟不上时代的节奏。后面有东西来牵着，实际上是一个平衡。不仅仅是因为快节奏的生活需要慢节奏来平衡，还有这样的一个意思，就是说太往前走了，整个讨论的问题就会特别先进，而特别先进的东西反而需要一种从表面看好像是落后的东西来加以平衡。因为它是经典，它是多少年前的经典，这些经典的东西是中国人生生不息的一个根，这个根的东西不能离开，如果离开了根，树是长不好的。

第二层意思就是说，我们要通过它来跟新的东西产生一种敏感的相互反应，从这里头获取营养，用来做另外一种平衡。比如我们在整个刊物方向的把握上，原来我在中央电视台讲过课，经济频道的同事提问我，说朱主编你看这些古书跟你的杂志有什么用？我觉得这个作用很大。第一，它是思维的来源，思维来源是一种方法，古人的方法我觉得比西方要高明得多，这些震撼今人的方法要为我所用。还有一个很重要的东西，我觉得作为一个主编，要遵从所谓孔子说的先知劳知，"先知"就是说要走在前面，"劳知"就是要吃苦耐劳。先来说"先知"——走在前面，怎么保证走在前面呢？反思现代社会的很多问题，发现古人有许多认识论、生活方式非常先进，诸如他们对天地人关系的理解，他们对自然的理解等。很多人现在又从古人那里吸取营养，开始回归到古人的生活方式，说明这个时候你已经提前感悟了。

我们自诩为读书人，一天不读书便觉得心里不踏实，所以对我而言，进入书房是最愉悦的时刻。在生活中，我具有一定的机械性，比如聚会，到一定时间，往往第一个提出来走的人是我。如果不这样，就没办法来切断时间，进而保住自己看书独处的时间，我会在这段时间里去阅读，然后通过阅读充实自己。如果没有应酬，晚饭后，我会利用一段时间陪家人，然后进入书房，用两个半小时到三个小时阅读。

在读书方面对我进行启蒙的是汪曾祺先生。汪老先生当时向我推荐归有光的作品，归有光是江苏昆山人，昆山离我家乡很近。我读归先生的第一篇著作是其代表作——《寒花葬志》，虽是很短的篇幅，但一下便震撼了我。喜欢文学的人大概了解，寒花就是归家的奴仆。归有光写寒花在桌子边吃饭，用了一个短语叫作"目眶冉冉动"。"冉冉升起"我们都知道，它经常用来指太阳，其实不是，这个冉冉最早形容光亮闪动。寒花的目眶怎么能闪动呢？实际上是形容寒花的眼睛在眼眶里头动。特别简短的文字，一下子就把人带到文学的世界。

原来我主要看外国文学作品，看外国小说，等到看了归有光的作品以后，一下子就觉得中国文字的美，是我们有所忽略的。这是我进入中国古籍之后被古人迷住的第一个台阶，这第一个台阶还不涉及方法论。如果说更深一步被震撼的话，那就等于方法论上的震撼，最震撼的还是进入到《周易》以后。

这些年，我一直在倡导"坚硬阅读"，因为消遣阅读是不静心的，这样就很难成为一种积累。所以我不倡导年轻人消遣阅读，而提倡坚硬阅读，这往往需要集中注意力，把心带到书里去。带着问题去阅读，去寻找答案，就像进入到一个陌生的房间，特别熟悉的环境，不用费劲，进入一个陌生的环境，每个细节都要力图掌握，自然获得的东西就多。之所以倡导坚硬阅读，就是因为很多书是不好读的，不好读才更要接近它，进而走进作者的世界。坚硬阅读作为重要的阅读方法，首先要求读者有强烈的好奇心，没有兴趣，觉得枯燥乏味，这样只会使人昏昏欲睡。

我系统的阅读习惯的养成可以回溯到青年时代，来说说我受教育的过程。高考恢复的时候，我刚好在人民文学出版社改小说，不能够离开，也就是说没有时间去复习，所以就把这个高考机会整个错过了。虽然错过了，但现在想起来也不后悔，因为很多人进了大学，却被大学里的"小天地"禁锢住了，那是狭隘的，和现实生活中学到的东西不能相比。那段改稿子的时间非常难得，近水楼台先得月，我住在人民文学出版社的招待所，资料室也向我开放，在"文革"中，资料室是多么宝贵，里头有那么多的书，实际上我是通过在那里读书来弥补我未进大学的遗憾，但是阅读得不系统。因为处于"文革"时期，当时我的责任编辑李景峰先生嘱咐我不断地修改小说，从1971年开始创作时，我就反复修改了。对于我来讲，有一些老师来带领我走进文学的殿堂，开始进行经典阅读，那是很受用的，我能够走到今天，跟这些老师的影响紧密相关。

之后我做了编辑，而且做了那么多年，我一直跟人讲做好个编辑，第一个基本功就是阅读速度，比如说《三联生活周刊》每周一最后截稿，十万字的稿子，从早到晚，你要把它从头读完，阅读速度对于编辑来讲是第一位的。我阅读速度的提升，还倚仗于小时候母亲对我的影响，我母亲是一个特别喜欢读书的人，我对于阅读的热爱，很多是母亲引导的。我家巷口有一个小书馆，有大量小人书和小说出租，一天租一本，两三分钱，多一天就多付两分钱。那时家庭的经济来源只靠父亲一个人，母亲借书后，我们兄弟姐妹一起来快速阅读，一本书一天就可以看完。那是一个流行读革命小说的年代，但母亲不喜欢，她从《岳飞传》开始指引我阅读中国古典小说，之后我读了《三侠五义》《七侠五义》《说唐》等一系列小说，我阅读的第一阶段是母亲培养的。

后来的温馨时刻，是年事已高的父母读我写的小说，他们是我的第一批读者。记得在一个冬季，父母并排坐在被窝里看我写的小说，我写一部分，他们就看一部分。我母亲九十多岁后，还在阅读。即便每天看几行字，但她也依然坚持着。母亲虽然不是专门做教育的人，只是那个时代的一名知识女性，但她培养孩子还是比较成功的。记得小时候母亲给我买的图画书《今天的事情今天完》讲的是"今天的事情今天必须做完"的道理，这也成了我现在的座右铭。另外一本书，好像我记得是《小蝌蚪找妈妈》，这是上个世纪五十年代小孩看的书，讲的是一种孩子对妈妈的情感。我觉得培养孩子的情感，比培养孩子的智商更重要，现在很多家长都培养孩子的智商，不培养孩子的情商。其实对于孩子来讲，情感对他的一辈子是最重要的，因为人一辈子如果情感很丰富，那就能够感受到特别多的情感，无论是从自身感受的，还是从别人身上感受的。如果一个人智商很高，但情感不丰富，那这个人可能活得很干瘪，不丰富。所以我觉得现在还是要培养孩子们的感情，让他们多读一点文学书，让他们从小就使自己的感情丰富一些。

现在很多人让孩子去读《三字经》，去读唐诗和宋词，那么小的孩子，他有可能理解吗？他们应该读小孩读的书，而不应该去读大人读的书，唐诗宋词我阅读的时间都很晚了。现在的家长是迫于社会压力，希望孩子走捷径，这违背了孩子自然成长的方向。我们要做的首要的是培养孩子的善心，善良最重要；第二要培养孩子的责任心和情感，这是最根本的。以上的培养需要借助文学书，让孩子更多地去读，这样能相对地丰富一个人的心灵。

现代社会一个很大的问题，就是人们缺少情感，生活也因此变得单调起来。培养下一代一定要注意培养他们的情感，内心情感丰富了，那么感悟的世界也是丰富的、可爱的，否则相反。

王安忆　1954年生于江苏南京。当代著名作家。中国作家协会副主席，上海市作家协会主席，复旦大学教授。代表作《长恨歌》《天香》《小鲍庄》《桃之夭夭》《发廊情话》《启蒙时代》《遍地枭雄》等。获茅盾文学奖、鲁迅文学奖、法兰西文学艺术骑士勋章、施耐庵文学奖等。

阅读的要素

王安忆

　　阅读的第一要素，我想是信赖。相信我们所读到的东西，这常常是发生在我们少年的时候。那个年龄，心灵像一张白纸，无条件地相信任何事情。书本给我们神圣的感觉，好比人生的老师。我们总是把书本上的话抄在日记本上，还总是将书本上的话赠来赠去。这是一个非常容易受影响的时期，是精神世界最初的建设时期。假如我们幸运地读到真正的好书，那么，一生都将受益无穷。不过，很多时候的情况则是恰恰相反。但是，尽管是这样一个不安全的时期，我也以为怀疑主义是最大的不幸。这会使我们丧失阅读的最大乐趣——那种满怀情感的接受，那种对充实内心的渴望。怀疑设立的防线又会使自己孤立，久而久之，内心便将寂寞又空虚。

当我们逐渐成长起来之后，我们便也逐渐形成了对这个世界的看法：它不仅来自于阅读，更来自直接的经验。假如我们依然热爱阅读，并且依然对阅读保持信赖，便会自觉地去芜存菁，选择那些真正的好书，前段时期阅读好书的经历帮助了我们，从人生中得到的真情实感也帮助了我们。阅读和阅历使我们几乎是本能地懂得哪些是好书，哪些是作者以诚实与信赖写下来的文字。我们仍然以信赖的态度读书，而这时候的阅读却是一种理性的信赖。我们和书本之间建立起一种平等的关系，书本是我们的朋友。理性的信赖还可有效地抵御怀疑主义的侵害，这时候的阅读对于拓展我们不免狭窄的个人经验大有好处。假如个人经验偏于悲观，它便提供给光明的景象；假如个人经验偏于万事无忧，它则提醒我们不幸的存在。它可使我们保持乐观、善

良、开阔的精神。在一个人对世界的观念已经形成
的中年阶段，阅读可为我们作出补充和修正，使之
达到健康完美的境地。

晚年时的阅读信赖，我想应是建立在宽容之
上。因为这时候的经验已经成熟到可与任何书本做
一个比较，这是该作出结论的时期。假如前两个阶
段我们保持了阅读的良性循环，这时便能够再上升
一格。在持有自己的经验与结论的同时，善解并诚
挚地去观看别人的人生所得，看到人类无穷多的心
灵景观。这时候，我们应当如同相信自己一样去读
书，书会和我们融为一体，我们其实也是在读着自
己。这时候的自己，应该有一颗能够包容一切的心
灵，读书就提供这样的好机会。当然，我这里指的
是人类写下的最好的那类书。

汤一介（1927—2014）出生于天津，原籍湖北黄梅。中国当代著名哲学家。曾任北京大学哲学系教授、博士生导师，中国哲学与文化研究所名誉所长，中央文史研究馆馆员，中国文化书院院长，中华孔子学会副会长，国际道学联合会副主席等多种职务，《儒藏》编纂中心主任、首席专家。著有《中国传统文化中的儒道释》《魏晋南北朝时期的道教》《佛教与中国文化》等多部作品，有《汤一介集》。

我的读书观：读书须会意

汤一介

"好读书，不求甚解；每有会意，便欣然忘食"。（陶渊明：《五柳先生传》）这是我的读书观。一个学者一生要读各种各样的书，不是读什么书都要做到甚解。小时候读《三国演义》，很多地方读不懂，但还爱看，因为就想知道故事的大概。长大了再读《三国演义》也还有不懂的地方，只是想知道它和《三国志》所载有些什么不同罢了。因为我并不想做研究《三国演义》的专家。后来我进了北京大学哲学系，再后来当了北京大学哲学系教授。我读书、教书，还是信守"好读书，不求甚解"的信条。研究哲学，特别是中国哲学，中国哲学家有那么多书，每本书、每句话，都要求"甚解"，可能吗？

我认为陶渊明这两句话对研究哲学的人来说，后面一句"每有会意，便欣然忘食"更重要。我们常把汉人对经典的注释叫"章句之学"，每章每句都要详加解释，《汉书·儒林传》谓："一经之说至百余万言"，儒师秦延君释《尧典》二字，十余万言；释"曰若稽古"四言，三万言。至魏晋风气一变，注经典多言简意赅，倡"得意忘言"，例郭象注《庄子·逍遥游》第一句："北冥有鱼，其名曰鲲，鲲之大，不知其几千里也，化而为鸟，其名曰鹏"，谓："鹏鲲之实，吾所未详也"，并批评那种一字一句注解的章句之学为"生说"（生硬的解释），他说："达观之士宜要其会归，而遗其所寄，不足事事曲与生说，自不害其弘旨，皆可略之。"我想，这就是"会意"。读哲学书，重要的在"会意"，不在"曲与生说"。"会意"才能对古人的思想有个心领神会，才能有所创新。

据日人林泰辅说，《论语》的注解有三千余种，元朝的杜道坚说《道德经》的注也有三千余种。不管有多少种《论语》《道德经》的注解，我们能说哪一种是对《论语》或《道德经》是"甚解"了呢？没有吧?！杨伯峻先生在注孔子说的"六十而耳顺"一句时说："耳顺——这两个字很难讲，企图把它讲通的也有很多人，但都觉牵强。译者姑且作如此讲解。"我认为，杨先生的这种态度是对的，他只是"姑且"给一种解释，并没有说他的解释就是惟一正确的解释。在我的一篇文章中，为了说明我对"真、善、美"的看法，我就给孔子说的"五十而知天命，六十而耳顺，七十而从心所欲不逾矩"一个新解，认为这三句话是孔子说他自己追求"真""美""善"的过程。我真的"甚解"了孔夫子的话吗？没有，但我从孔子的话中"会意"出一种新意来，于是我便"欣然忘食"了。

读书人喜欢读书，特别是像我这样的读书人喜欢读各种各样的书，宗教的、文学的、艺术的、考古的、历史的、民俗的，甚至科学和科学史的，等等。是不能要求都"甚解"的，知道一点就行了。它可以帮助你开扩眼界，拓宽思路。读你自己专业的书，当然要求了解得深入一些，但也只能要求"深入一些"，也不可能字字句句都有所谓"正确了解"，而"会意"则是更为重要的。哲学家要求的是"六经注我"，而非"我注六经"。"会意"实际上是加上你自己的"创造"，这样才真的把学问深入下去了。

采　铜　本名崔翔宇，1983 年生，浙江湖州人。心理学博士，自由写作者，主要从事学习方法、思维方法等方面的研究和写作。著有《精进：如何成为一个很厉害的人》，引起广泛反响。荣获亚马逊 2016 年度新锐作家奖。

碎片化时代如何做到深度阅读？

采 铜

什么是深度阅读呢？我在自己的阅读的历程中经常想这个问题，初步归纳下来可以用五个方面来概括：

第一个是阅读的姿态。深度阅读的姿态，就是尽可能让自己沉浸进去，把手机放远一点，躲到一个僻静的角落，安安静静看书。智能手机是苹果公司的伟大发明，但这个东西实在太好了，好到了有点坏，这就是物极必反。所以你在阅读的时候，尽量要排除这种干扰，把手机切到飞行模式，让它变成一块砖头。你沉浸到书里面去，进入心流状态，保护你的心流，不要让它被随意打断。

第二个是阅读的选择。我跟大家讲一个很奇怪的体验,就是我有一次去我家附近的西湖区图书馆,去找心理学的书架,心理学在 C 类目里面。我走过去一看,整个心理学书架里面,一眼扫下去,没有几本书是可以看的,都是什么呢,江湖心理学、伪心理学、心灵鸡汤这种东西。因为我是心理学背景的,所以哪些是专业、靠谱的心理学书,一眼都能看出来。而结果就是这样,让人哭笑不得。

所以阅读的选择很重要。对于深度阅读者来说,畅销书要警惕。当然不是说畅销书都不好,畅销书里面当然有很好的书,但也有很水的。我把很水的畅销书分为美式畅销书、日式畅销书和中式畅销书。美式畅销书以格拉德威尔的书为代表,就是本来一页纸能说清楚的道理,填充了很多案例后,硬生生撑起一本书。日式畅销书的特点,不是讲道理,而是从一个点出发,快速繁殖似的,生造出很多奇奇怪怪的概念,比如做某某事的 n 种方法,但每一种讲得都不透彻。还有一种中式畅销书，不是讲道理的，也不是讲方法、讲概念，而是讲情怀，把你的心灵扰动起来，给了你一些慰藉，就成功了。

不是说这些书不好，它们里面也都有营养的，也可以读，只是从一个深度学习者的角度来说，这点低密度的营养还远远不够，而且可能有些不是营养是反式脂肪酸。举例来说，"一万小时理论"经过畅销书的渲染在国内变得尽人皆知，甚至被奉为金科玉律。可是畅销书里讲这个理论，只是二手解读，经过转化加工包装的，它是不是这么可信呢？不一定。我曾经就专门查过相关的英文论文，发现这个理论在学术界争议不少，有些论文里就说，他们自己的研究发现，有些人只要 3000 个小时就能成为顶级的音乐家或者棋手，所以一万小时这个数字其实并没有什么意义。

这就是一个深度学习者的阅读选择。他要去读那些思想源头、知识源头的东西，读第一手材料，不要读来读去都读那些二手贩卖的东西。这种精神就是"采铜于山",也就是我的网名的来源。所以,大家在读书的时候,我有一个小建议给大家:想想你手头的这本书是作者一手的东西,还是二手的东西,这对你们甄别好书很有帮助。

第三个是阅读的定力。我家里的藏书,不算多,也就五六个书架,其中一整个书架是我的核心书架,这里面的书都围绕着"学习、思维、创新方法"这个大主题。买别的方面的书,比如科学、文学、管理学这些方面的书,我是很慎重的,精挑细选,但是那个大主题下的书,我的标准反倒会放宽,就是凡事相关的书,我都尽量买来。也就是说,对于我最关心的那个阅读主题,我是不惜代价的,我需要信息上的穷举,没有遗漏。

在核心书架之外呢,其他的书也大多与这个主题相关,只是没有直接相关而已。比如,科学家的传记,虽然这个传记本身不是为了探究思维方法的,但从传记里面可以看到这个科学家思维方法上的蛛丝马迹。可能一本书里只是找到了一个点，但对我就非常有用。类似的还有作家的访谈录，哲学类的作品，还有建筑学家、导演、人类学家等的思想或者经历，都是我的资源和素材。

所以，在我家，这个 70 平米的小房子里，挤了五六个书架，而这些书架里的书，也大都与我最关心的那个主题有关。这就是阅读的定力。所以我一般不会去看别人的推荐书单，也不会去在意畅销书榜，因为我很清楚，我需要什么样的书，社会上流行的阅读风尚是与我无关的。

熊十力先生曾有一个著名的"海上逐臭"的比喻，他在《戒诸生》一文中写道：

"中国学人有一至不良的习惯，对于学术根本没有抉择一己所愿学的东西，因之于其所学无有不顾天不顾地而埋头苦干的精神，亦无有百甘受世间冷落寂寞而沛然自足于中的生趣。如此而欲其于学术有所创辟，此比孟子所谓'缘木求鱼'及'挟泰山超北海'之类，殆尤难之又难。吾国学人总好追逐风气,一时之所尚,则群起而趋其途,如海上逐臭之夫,莫名所以。曾无一刹那,风气或变,而逐臭者复如故。此等逐臭之习,有两大病:一、各人无牢固与永久不改之业,遇事无从深入,徒养成浮动性。二、大家共趋于世所矜尚之一途,则其余千途万辙,一切废弃,无人过问。此二大病都是中国学人死症。"

与大家共勉。

第四个是阅读的野心。什么是阅读的野心呢?就是不要用仰视的心态去看书,而是应该平视,在阅读时,你既要能看到这本书的优点,又能看到缺点,并在此基础上,想想你是否有可能超过作者,写得比他还好。这就是你可以有的野心。

我当初之所以设定"学习、思维、创新"这个大主题,其中一个促发因素是看了刘未鹏老师的博客,我想这个程序员太厉害了,写的有关心理学的东西比国内绝大多数的心理学者写的东西都有价值。然后我就很惭愧,心想我能不能也研究这个方面，而且我一定要做得更好。后来刘未鹏老师的博客集结成书，也就是《暗时间》，我看了之后我就想，我以后写书，一定要超过《暗时间》，不然我的这本书就没有意义，没有存在的价值。

有了这个野心以后，我在阅读时就更加挑剔，更加深入地去思考别人写的东西，去寻找更深层更源头的信息。当然我现在写的东西还不敢说超过了刘未鹏老师，但我正在这条道路上前进。

最后一点是阅读的抵达。我有一个观点，就是不要把阅读当作一个孤立的事物来看。就阅读谈阅读没什么意思，我们要放在生活以及人生的大背景下，去阅读。

阅读有许多的功用，有消遣娱乐的功用，有赚钱的功用，有满足单纯的求知乐趣的功用。但最重要的功用我觉得是改变，就是阅读是否给我们的生活、人生带来了改变。我觉得这个时候，我们的阅读就抵达了。

所以阅读，绝不仅仅发生在把书打开又把书合上这两个动作之间的时间段,这只是阅读活动中最表层的部分,更重要的是,我们从书里读到的那些精华,我们是否用行动把它转化为属于自己的价值,我们的智慧是否得以增加,我们解决生活现实问题的能力是否提高了,我们的心态是否可以更加平和,我们与他人的关系是否得到了改善,这些都是我们可以从阅读中收获的东西。

其实,这种追求改变的诉求会反过来促进我们的阅读,牵引着我们的阅读走向纵深。因为很显然的,我们要改变,必然要对我们读的文本提出更高的要求,提出更多的问题,更加主动和迫切,这些都会让我们阅读得更深入。

有些阅读是速食型的,它在短时间内赐予我们愉悦或者给我们以慰藉,但时间稍长一点后它的作用就消失了。而作为一个深度阅读者来说,他需要更多的能沉淀下来的东西,需要能给他生活带来长期改变的东西,并且有勇气促成这种改变。

希望我们都能抵达。